COLLECTION A.-L. GUYOT

Y²

A. BEUL

MES AVENTURES À BORD ET À TERRE

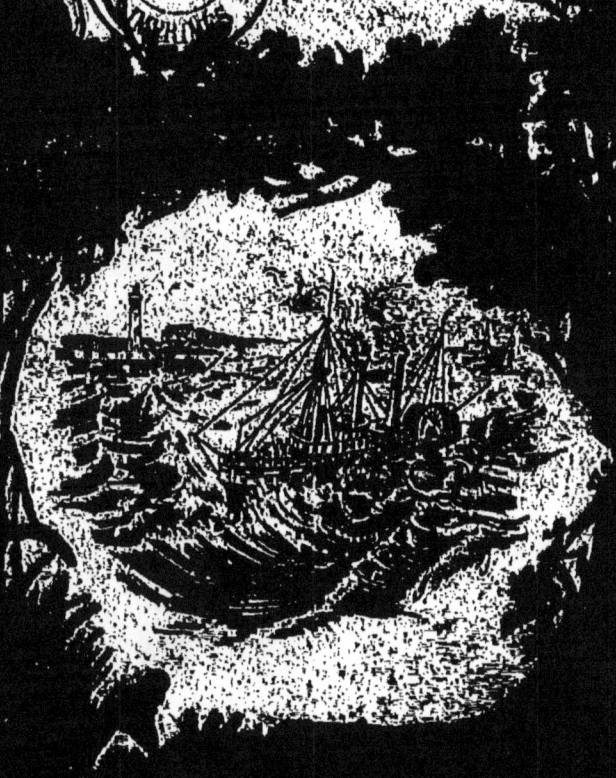

20 CENTIMES

A.-L. GUYOT ÉDITEUR

RUE PAUL LELONG
PARIS

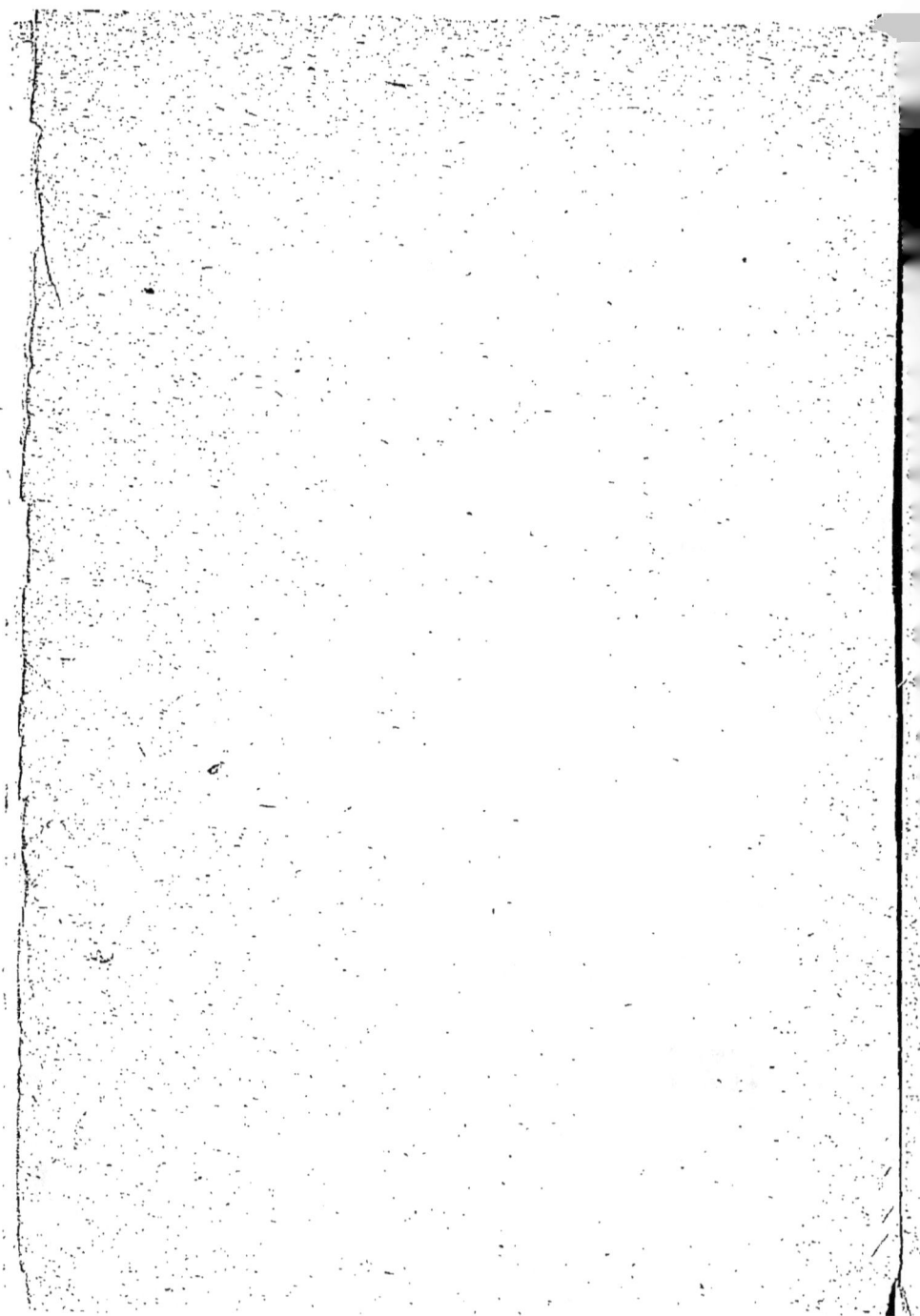

ACHILLE BEULL

MES AVENTURES

À BORD ET À TERRE

PARIS

A.-L. GUYOT, Éditeur

12, rue Paul-Lelong

Mes Aventures à bord et à terre

CHAPITRE PREMIER

En route pour le Pacifique. — Le baptême de la ligne

La guerre venait de se terminer; ma pauvre patrie se voyait arracher deux belles provinces, sans compter les ravages occasionnés dans tout le pay   ces longs mois d'invasion. Patriote, ce désast   vait fortement frappé et, pour chasser l'amertume de mon cœur, je ne vis d'autre moyen que d'entreprendre un nouveau voyage dans les contrées lointaines.

Je me rendis donc au Havre où j'espérais m'embarquer pour l'Angleterre. J'y rencontrai un ami, matelot à bord du trois-mâts le *Colbert*, qui devait faire voile pour le Pacifique; il eut la bonté de me présenter à son capitaine, qui m'accepta sur-le-champ comme matelot-charpentier.

J'aurais, certes, préféré m'embarquer à bord d'un paquebot, mais, c'est une chose impossible au Havre. En effet, l'équipage de ces magnifiques bâtiments est recruté parmi des bretons qui se font inscrire quatre mois d'avance.

A ces regrets se joignaient certaines appréhensions qui n'étonneront pas ceux qui connaissent la mer. A bord d'un voilier, le charpentier est toujours le souffre-douleurs de l'équipage, le « bœuf » comme on dit en argot maritime, sans compter qu'en plus de son travail, il est astreint d'exécuter les manœuvres tout comme le premier matelot venu.

Le *Colbert* était un trois-mâts de douze cents tonnes, à voiles, comme je viens de le dire. Fort beau bâtiment, d'ailleurs, dont la coque, toute en bon bois de chêne, avait été édifiée sur les chantiers de Saint-Malo. Il évoluait avec tant de légèreté que les marins l'avaient surnommé l' « oiseau de mer ».

Il comptait quatorze hommes d'équipage, plus un cuisinier ou maître-coq.

Avant de continuer mon récit, je fournirai quelques explications sur la vie à bord d'un voilier, explications nécessaires, non seulement pour les pages qui suivront, mais encore intéressantes pour les personnes peu familiarisées aux choses de la mer.

A l'arrière, comme c'est l'habitude, se trouvent les cabines du capitaine et du second, c'est ce qu'on appelle la « chambre ». Ils avaient un jeune mousse pour les servir.

Pendant la journée, les hommes étaient occupés

de multiples façons; tandis que les uns cousaient aux voiles, d'autres réparaient les marche pieds des vergues. Plusieurs jours se passaient sans que l'on s'occupât de l'orientation des voiles, le vent restant le même.

Pour la manœuvre de la nuit, nous nous trouvions divisés en deux quarts, chacun de quatre heures, faits tour à tour par les « babordais » et les « tribordais ».

Dix minutes avant la fin de chaque quart, l'officier qui le commande crie :

— Au loch !

Le loch, comme on sait, est un instrument qui sert à connaître la vitesse du navire; c'est une sorte de dévidoir autour duquel vient s'enrouler une ligne munie d'une marque tous les quinze mètres. A l'extrémité de cette ligne est fixée une petite planche triangulaire qui sert à empêcher le loch, une fois à la mer, de suivre le navire.

Au commandement de l'officier, deux matelots se précipitent sur la dunette, l'un d'eux s'empare du loch, l'autre d'un sablier qu'il tient à bras tendu.

Aussitôt le loch jeté à la mer, l'officier commande : « tourne ». La ligne se dévide comme un rouet, jusqu'à ce qu'il ne reste plus rien dans le sablier. Le matelot qui le tient s'écrie alors : stop. On s'empare alors de la ligne et on compte le nombre de marques déroulées à la mer. L'officier en quittant son quart inscrit sur le journal du bord, la date, l'heure et le chiffre de nœuds filés.

Cette manœuvre achevée, l'homme qui est à la barre frappe huit coups sur la cloche de l'habitacle

pour appeler la « bordée » qui est au repos. Le matelot de quart au bossoir répète le même nombre de
coups sur la grosse cloche placée au-dessus du
guindeau, puis, pénétrant dans le poste de l'équipage, s'écrie d'une voix forte :

— As-tu entendu, les bâbordais ?... debout au
quart !... debout !... debout !... debout !... debout !...
As-tu entendu ?

Un silence de quelques secondes s'écoule. Et
l'homme répond, mais sur un ton beaucoup plus
élevé encore :

— As-tu entendu ?

Quelques grognements s'échappent des couchettes.
Les hommes, réveillés en sursaut, se lèvent à regret.
L'homme de bossoir retourne à son poste de vigie
sur le gaillard. L'officier commande alors : A la
pompe ! et tous les hommes de quart se rendent à
la pompe située au pied du grand mât et qui sert à
épuiser l'eau de la cale.

Les hommes de relève sont toujours prêts en cinq
minutes, et cette règle ne souffre pas d'exception.

Chacun, à son tour, doit faire une heure de barre.
Le matelot désigné à ce poste arrive toujours deux
minutes avant la fin du quart et se fait indiquer de
vive voix et montrer sur la boussole, la route à
suivre.

Dès son heure de barre terminée, le matelot pré-
posé à ce poste doit faire une heure de bossoir,
tâche qui exige une attention des plus soutenues,
car il s'agit d'explorer l'espace en avant du navire et
c'est à la vigilance de l'homme de bossoir que le bâtiment doit d'éviter les collisions, etc.

Dès que l'homme de bossoir aperçoit le fanal d'un vaisseau, il crie :

— Un feu par tribord devant !

L'officier sur la dunette répète les mêmes paroles pour indiquer qu'il a bien entendu le signal, puis donne les ordres nécessaires au timonier pour s'écarter de la route suivie par le bâtiment aperçu.

De jour, deux navires qui se rencontrent échangent de réciproques salutations et, à l'aide d'un code conventionnel, formé à l'aide d'oriflammes hissées à la corne du mât d'artimon, ils communiquent entre eux.

— D'où venez-vous ?

— Où allez-vous ?

— Quel est le nom de votre navire ?

— A quelle Compagnie appartenez-vous ?

Questions et réponses sont consignées sur les livres de bord des navires respectifs.

Chaque jour, à 11 heures, le capitaine monte sur la dunette et, à l'aide du sextant, relève le « point » ; il se rend compte ainsi du chemin parcouru durant les vingt-quatre heures qui viennent de s'écouler. Le point relevé est inscrit par le second sur le livre du bord. Le capitaine demande ensuite l'heure au timonier et lui fait avancer la montre du bord, — toujours placée en face de la barre, — quelquefois de vingt à vingt-cinq minutes, selon le changement de longitude.

Lorsque les vents ne sont plus favorables à la marche du navire et le font dévier de sa route, on exécute la manœuvre de « lof pour lof » ou, autrement dit, l'on vire de bord. C'est la manœuvre la plus imposante qui s'exécute sur un voilier.

Le capitaine, commande, de la dunette :

— Chacun à son poste pour virer de bord !

Après avoir serré toutes les voiles latines et largué sous le vent les bras des voiles carrées, l'équipage se porte aux bras du vent, prêt à brasser au commandement du capitaine. Ce dernier consulte alors du regard le timonier qui doit, à lui seul, faire évoluer le navire. A chaque bras des vergues sont postés deux matelots qui tiennent le courant encore amarré d'un seul tour aux gabios du râtelier.

Les regards de tout l'équipage sont fixés vers le capitaine, les oreilles sont tendues, il s'agit de procéder avec rapidité, car une fausse manœuvre peut faire coucher le navire :

Dès qu'il est sûr que toutes les manœuvres sont prêtes à filer, le capitaine s'avance sur le bord de la dunette, les yeux fixés sur ses marins et, de tous ses poumons, commande :

— Lof pour lof !

On entend comme un bruissement de toiles, comme un craquement de branches sèches. Ce sont les vergues qui virent dans leurs ortelets, les bras des voiles carrées qui voltigent et filent dans leurs poulies. L'équipage hale sur les bras des vergues en chantant :

— Oh ! brasse bien !... Oh ! qui vient... Oh ! souque dessus !... Oh ! souque bien !... Oh ! arrache !

Tout étant brassé et amarré aux gabios le capitaine commande :

— Amarre, garçons.

Ce qui veut dire de ramasser les manœuvres.

Quatre jours après notre départ du Havre, nous passions devant Madère, île à l'aspect gai et heureux que nous laissâmes à notre gauche. La charmante apparition, les petites maisons blanches que le soleil levant caressait de ses rayons éclatants, tout cela s'évanouit dans le lointain comme un nuage. C'est la dernière terre que nous devions apercevoir de trois mois, temps qu'il nous fallait pour atteindre les îles Malouines ou Falkland.

Le capitaine fit mettre le cap sur le cap Vert.

Quelques jours après, le beau temps dont nous avions jouis jusqu'alors nous abandonna, et pour la première fois depuis mon départ du Havre je vis la mer en furie.

Des vagues monstrueuses se brisaient sur le navire qui craquait jusque dans sa cale. Mon heure de barre terminée, je rejoignis l'équipage, massé entre le guindeau et le mât de misaine, position d'où, grâce à l'élévation du gaillard, ils se trouvaient à l'abri des lames. On attendait anxieusement les ordres du capitaine.

La nuit descendait rapidement. Les fusées des vergues s'illuminaient des feux de St-Elme, précurseurs des grandes tempêtes. La misaine était serrée ainsi que le grand et petit volant.

Tout à coup, une vague monstrueuse balaya le pont du navire, aveuglant chacun et remplissant d'épouvante l'équipage qui courut, de l'eau jusqu'par-dessus les genoux, se réfugier sous le gaillard d'avant.

Une fois le pont débarrassé de la masse d'eau en

lée, nous pûmes nous rendre compte des dégâts occasionnés par la terrible lame. Des trous s'ouvraient, béants, dans les parois ; trois sabords avaient été arrachés et leurs énormes crochets enlevés comme des fétus de paille.

L'ancre à jas, libérée de ses boucles, allait et venait d'un bord à l'autre, selon le roulis. Sorte de marteau-pilon, sa masse énorme brisait sur son passage jambettes et pavois. L'équipage semblait épouvanté ; d'un côté, on ne pouvait laisser le terrible engin accomplir son œuvre de destruction sans crainte de compromettre la sécurité du navire, et, de l'autre, quiconque allait tenter d'arrêter l'élan de cette ancre risquait soit d'être assommé par elle, soit encore d'être enlevé par les lames qui se succédaient sans interruption sur le pont.

Le capitaine, qui n'avait pas bougé de son banc de quart, ordonna de s'en emparer. Tous se regardaient, hésitant quand un matelot, nommé Flotté, eut, le premier, le courage de se précipiter à plat ventre sur l'ancre, profitant d'un moment où pendant quelques secondes le navire avait repris son équilibre. Tout l'équipage suivit son exemple, lorsqu'un contretemps de roulis fit glisser l'ancre avec la grappe humaine qui s'y tenait accrochée et nous jeta contre le bord. Le choc fut d'autant plus terrible que nous avions la moitié du corps dans l'eau. Heureusement, nous avions eu le temps de glisser dans l'anneau du pesant engin une double amarre qui fut aussitôt fixée à une boucle proche du grand panneau.

A part cet accident, nous nous en tirâmes avec

quelques sabords, pavois et jambettes brisés que je passais plusieurs jours à réparer. Ce fut alors que, pour la première fois, on me hissa au haut d'un mât. Il s'agissait de placer le paratonnerre à l'extrémité du grand mât. Les oiseaux de mer frôlaient mon visage et le spectacle qui se déroulait à mes regards me remplissait d'admiration. Du sommet où je me trouvais, je découvrais en effet une circonférence de trente lieues; rien n'est comparable au spectacle imposant et merveilleux que présente cette étendue liquide, d'un azur profond, qu'aucune terre ne limite... A mes pieds, le navire m'apparaissait comme une petite planche étroite égarée sur l'immense Océan.

A la latitude que nous avions atteinte, les poissons volants commençaient à se montrer en bandes nombreuses. Ce sont de petits poissons ronds comme une anguille et de la grosseur du pouce, d'une longueur de vingt centimètres en moyenne. On les voit sortir de l'eau, prendre leur vol, parcourir trois à quatre cents mètres dans l'espace, plonger dans l'Océan, en ressortir, pour s'élancer à nouveau dans les airs.

Il avait été décidé, parmi les hommes d'équipage, que le novice recevrait le « baptême de la Ligne ». Dès la chose entendue, personne n'en reparla plus jusqu'au jour où le navire franchit l'équinoxe.

Ce jour-là, apparut sur le pont un matelot — celui qui avait le premier parlé de la chose — affublé de grotesque façon. Engoncé dans une vieille redingote qui lui descendait presque sur les talons, coiffé d'un chapeau haut de forme préhistorique, rougi et transformé par l'âge en accordéon, armé d'une trique énorme, il monta dans la mâture, l'air grave et solennel.

Arrivé à la vergue de cacatois, qui est la dernière, notre marin s'y plaça à califourchon, puis brandissant sa trique, comme pour menacer le soleil, il s'écria à plusieurs reprises :

— Le Père La Ligne ! le Père La Ligne !

Groupés sur le pont, nous suivions tous ses gesticulations avec une attention soutenue et en riant aux éclats.

Le novice, la bouche bée, se mit à demander :

— Mais que fait-il là-haut, ce fou-là ?

A peine ces paroles furent-elles sorties de sa bouche, que les matelots, aux cris de : « Le Père La Ligne ! le Père La Ligne ! » s'emparèrent du pauvre diable qui se laissa faire, ignorant de quoi il s'agissait.

Je riais aux larmes à la vue de la mine stupéfaite du malheureux garçon, naïf comme le sont tous les mousses, et qui n'avait point l'habitude d'être porté en triomphe.

Arrivés près du grand tonneau plein d'eau qui se trouve sous la pompe d'étrave, les porteurs y précipitèrent leur fardeau. A mesure que le malheureux faisait mine de sortir du tonneau, un seau d'eau s'abattait sur son visage, et le manège dura jusqu'à l'arrivée du matelot en redingote, lequel ordonna à l'équipage de traîner le tonneau, avec son contenu, sous la dunette, où se trouvaient les deux officiers, qui souriaient de ce charivari.

Dès que le cortège se fut réuni sous la dunette, l'homme à la trique posa l'extrémité de son gourdin sur la tête du novice, en lui disant :

— Jure, devant le capitaine et devant nous, que que tu ne fréquenteras jamais la femme d'un matelot, surtout quand il sera en mer...

— Je le jure ! s'empressa de répondre le novice.

A peine avait-il prononcé ce serment, qu'une dizaine de seilles d'eau l'atteignaient en plein visage.

L'homme à la trique reprit :

— Pour affirmer la sincérité de ton serment, tu vas faire le signe de la croix avec cette casquette, en répétant : « Je le jure ! »

Pressé d'en finir, car il se trouvait dans l'eau jusqu'aux épaules, le nouveau baptisé prit la casquette qu'on lui présentait et se la passa en croix sur le visage, en répétant à plusieurs reprises :

— Je le jure !... je le jure !...

La fameuse casquette avait été enduite de noir de fumée mélangé d'huile : aussi, dès son signe de croix terminé, le pauvre mousse apparut-il le visage tout noirci, à la grande joie des matelots qui riaient à gorge déployée.

On rendit alors la liberté au novice, qui eut fort à faire pour se débarbouiller ; et le capitaine, pour fêter le passage de la Ligne, donna double ration.

Nous demeurâmes environ quinze jours dans ces parages, où ne soufflait pas la moindre brise, sans avancer de vingt mètres par jour.

Enfin, un matin, le vent enfla nos voiles, et quelques semaines après nous naviguions dans les eaux de la Terre de Feu.

CHAPITRE II

L'arrivée à Valparaiso. — Un capitaine contrebandier

Les oiseaux de mer, qui nous avaient suivis jusqu'alors, nous abandonnèrent pour céder la place aux albatros, oiseaux de la grosseur d'un vautour, qui ne vivent que dans les régions glaciales.

Nous approchions du cap Horn, la bête noire du matelot, et nous trouvant au mois de juillet, moment de l'hiver dans l'Amérique du Sud, ce n'est pas sans appréhension que nous voyions approcher ces parages redoutés.

Un froid intense paralysait nos mouvements. Des bourrasques se succédaient sans relâche, bourrasques de grêle et de neige, dont les flocons atteignaient la dimension d'une pièce de cinq francs.

Il nous fallait coucher tout habillés, afin d'être prêts, à tout instant de la nuit, à nous porter à l'aide de la bordée de quart.

L'eau de la mer pénétrait dans le navire par toutes les fissures, s'infiltrant subrepticement, inondant nos couchettes, déjà peu confortables, faisant conti-

nuellement régner une atmosphère humide qui, non
seulement nous incommodait physiquement, mais
nous rendait d'une humeur insupportable.

Le plus petit bouton, l'égratignure la plus légère
s'aggravait dangereusement au contact de l'eau sa-
lée. Le frottement de nos capotes cirées occasionnait
des plaies toujours à vif. C'est en vain que nous
nous faisions appliquer du cérat par le second, qui
opérait chaque matin les pansements. A la moindre
manœuvre, l'eau ruisselait sur nos pauvres mains
qui ne guérissaient jamais.

Plus le navire avançait vers le cap, plus les lames
devenaient énormes. Jamais ne s'effacera de ma
mémoire le spectacle de ces vagues gigantesques
venant se briser impétueusement contre les flancs
de notre navire, puis, passant sous la quille, l'ébran-
ler du faîte à la base et reparaître de l'autre côté,
écumantes, furieuses, étincelantes.

La neige tombait si compacte que nous avions de
la peine à nous distinguer les uns des autres, sur le
pont couvert de verglas, rendant nos allées et ve-
nues presque impossibles.

Les voiles ne formaient qu'une couche de glace,
unie comme un miroir. A chacune des vergues pendait d'énormes glaçons d'un mètre de long, qu'il
nous fallait briser avec des gourdins, en nous his-
sant dans la mâture, car la chute d'un seul de ces
glaçons aurait suffi à tuer un homme.

En temps favorable, on peut doubler la pointe en
quatre jours; nous eûmes la joie de la doubler en
trois, grâce à un vent des plus violents. Aussi, est-ce
avec une satisfaction unanime que nous apprîmes

par le capitaine que nous nous trouvions enfin dans les eaux du Pacifique.

Quelques jours après, nous passions par le travers de la Terre de Désolation, où commence le vaste archipel de Chiloé, qui longe les côtes du Chili jusqu'à Valdivia.

La joie commençait à renaître à bord. Une mer relativement calme succédait aux flots tourmentés qui nous avaient accompagnés depuis plusieurs semaines. Le soleil des mers du Sud commençait à nous faire sentir les effets de ses bienfaisants rayons.

Le *Colbert* présentait un aspect superbe, avec ses voiles blanches où se reflétaient les rayons de l'astre du jour. Nous l'aimions car il s'était bravement comporté dans les tempêtes. Il paraissait aussi léger que les innombrables petites hirondelles qui voltigeaient tout à l'entour du bâtiment, en rasant la surface des flots.

Ces hirondelles sont beaucoup plus petites que celles d'Europe et ne possèdent pas un vol aussi rapide. Nous admirions leur gracilité, leur gentillesse, d'autant plus qu'elles étaient pour nous comme les précurseurs d'un climat magnifique.

Quelques jours après je reçus l'ordre de sortir les chaînes du puits, de les allonger de plusieurs brasses sur le pont et de faire dépasser le gros maillon par l'escalier de tribord pour être saisie à l'ancre. Tous ces préparatifs étaient l'indice de notre prochaine arrivée.

Nous guettions attentivement la terre, car le premier matelot qui l'annonce a droit à double ration de vin.

Un matin que j'étais à la bordée de quart de 4 à
8 heures, l'homme du bossoir se mit à crier :

— Terre ! Terre !

C'est à peine si on apercevait le sommet des pics
des Cordillères qui semblaient se confondre avec
les nuages.

Après vérification, le capitaine ordonna aussitôt
de préparer l'ancre au bossoir.

A mesure que nous avancions vers la côte, appa-
raissaient le versant de la montagne.

Valparaiso enfin apparut, avec sa baie remplie de
navires de toutes nationalités : tableau enchanteur,
éblouissant, digne de tenter la palette d'un grand
peintre.

J'étais émerveillé, pour mon compte.

Un pilote monta à bord pour guider le navire
parmi la foule des bâtiments au mouillage.

En ma qualité de charpentier, j'étais sur le gaillard, prêt à couper le mouilleur au commandement
du capitaine.

A un moment donné, après s'être consulté avec le
pilote, il s'écria :

— Mouille !

D'un coup de hache, je séparais le bitard du
mouilleur. L'ancre descendit avec un bruit formidable et alla s'enfoncer dans les eaux profondes de
la baie.

Nous nous trouvions à un kilomètre environ du
quai. Déjà, nombre d'embarcations se dirigeaient
vers nous, dont plusieurs chargées de vivres frais
ches : elles n'étaient pas les moins désirées.

La baleinière de la Capitanie vint enfin nous

accosté, montée par huit hommes de la marine chilienne. L'officier pénétra à bord afin de s'enquérir du frêt qui se composait en grande partie de voitures de luxe, pianos, meubles, articles de Paris, vins fins, etc., etc.

Ce fut ensuite le tour des chalands destinés à opérer le transbordement.

Après s'être habillé, le capitaine monta dans la baleinière de la Capitanie, afin de se rendre chez le consul français lui présenter le journal de bord.

La soupe et le bœuf qui composaient notre menu furent dévorés avéc un appétit sans pareil, car il y avait cent cinq jours que nous n'en avions pas mangé.

Le repas terminé, je profitai de l'heure de repos accordée, pour contempler la ville. Les Chiliens disent que « Valparaiso » signifie « Vallée du Ciel » et jamais ville n'a mieux mérité ce nom. On dirait un Eden.

Le lendemain était un dimanche et nous aurions bien voulu nous reposer ; mais, hélas, il fallut travailler quand même à décharger le navire.

Le travail dominical est un signe infaillible auquel, dans n'importe quel port, on reconnaît un navire français. Les hommes des bâtiments étrangers ont toujours congé ce jour-là, le lavage du pont et le fourbissage des pièces de cuivre s'opérant l'après-midi du samedi.

Le dimanche matin une bordée va à terre, l'autre reste à bord, dont ce sera le tour le dimanche suivant, mais il ne se fait aucun travail sur le bâtiment.

Aussi les marins des autres nations ne nous épargnaient-ils leurs lazzis, principalement les Anglais, qui abondent sous toutes les latitudes.

— *Frenchmen, no work to-dey.* (Français, on ne travaille pas aujourd'hui), nous criaient-ils; ou bien:

— *No good ship* (vilain navire).

Dans tous les ports où j'ai passé, c'était la même chose.

S'il ne nous était pas permis de quitter le navire, il n'en était pas de même du capitaine qui, tous les soirs, se faisait mener à terre par quatre matelots. Avant de s'embarquer dans le canot chacun de ceux-ci passait à la chambre-cabine du capitaine — et glissait dans ses grandes bottes de mer autant de revolvers qu'il pouvait. Dans la chemise de laine prenaient place de multiples paquets de tabac français, très recherché dans toutes les parties du monde.

Les autorités du port, voyant débarquer ces hommes en bras de chemise, ne pouvaient concevoir le moindre soupçon.

Le capitaine mettait le premier le pied sur le sol. Les matelots le suivaient de loin, ayant l'air de se rendre chez quelque cabaretier. Le rendez-vous se trouvait chez un « *despacho* »(1) épicier italien de la Calle Blanco (Rue Blanche) où se trouvait une arrière-boutique à l'abri de toute indiscrétion. Là avait lieu le déballage des objets apportés que le digne commerçant cachait dans un placard soigneusement dissimulé sous le papier-tenture. Après avoir touché son argent, le capitaine retournait en ville.

----

(1) Magasin.

Les matelots, restés seuls, absorbaient quelques bouteilles, destinées à acheter leur complicité et fournies généreusement par le tenancier du *despacho*, le dispatche, comme nous disions. Ils revenaient à bord et nous contaient leurs exploits, qu'ils renouvelaient plusieurs semaines durant.

Leurs récits suscitaient chez moi un ardent désir d'aller à terre avec eux et de visiter la ville, mais le capitaine ne voulut jamais m'emmener.

Son refus inexplicable fit germer dans mon cerveau les premières idées de désertion. Je ne pouvais admettre d'être venu de si loin sans pouvoir visiter la ville où nous venions d'atterrir.

Je repassais plusieurs projets dans ma cervelle, mais sans parvenir à grand résultat.

Il ne fallait point songer à me rendre seul à terre. Nous nous trouvions trop éloignés du quai de débarquement; de plus, je ne savais pas nager et tous les soirs les avirons du canot étaient enchaînés et retenus par des cadenas. Risquer une évasion dans ces conditions aurait été courir au-devant d'une mort certaine.

J'eus bien l'idée un instant de me faufiler dans un des chalands où je me serais caché parmi les marchandises; mais, chaque fois qu'un de ces bateaux quittait le bord, l'équipage et le second se tenaient sur le pont pour larguer les amarres.

L'occasion d'une fuite se présenta cependant une nuit d'une façon absolument imprévue.

CHAPITRE III

—

La désertion. — Sous bonne garde

Un soir que le capitaine, en compagnie du second, s'était rendu à terre, son absence se prolongea assez tard dans la nuit. Il ne rentra en effet que vers minuit, ivre à ne pouvoir se tenir debout. Je m'en aperçus aussitôt qu'il eut abordé l'échelle, je l'aidai à grimper sur le pont où il tomba comme une masse, en arrivant, et s'endormit aussitôt sur le grand panneau.

Comme m'y obligeait ma consigne, j'allai réveiller le maître d'équipage qui vint mettre sous clé les avirons du canot et retourna se coucher dans sa cabine contiguë à la mienne.

L'idée de m'enfuir, de déserter, traversa mon cerveau comme un éclair.

L'équipage était plongé dans un profond sommeil, la nuit était douce, le ciel d'un calme absolu. Je jetai un coup d'œil au pied de l'échelle d'abordage pour m'assurer de la présence du canot. Il s'y trouvait, sauf les avirons bien entendu.

L'occasion était unique. Mais comment avancer sans avirons ? Je pensais alors à une grande planche qui se trouvait sur la chaloupe de sauvetage. Sans aucune hésitation, j'allai la chercher et je la descendis dans le canot.

Je revins ensuite vers ma cabine dont j'ouvris la porte avec des précautions infinies, le moindre bruit, en effet, aurait éveillé le maître d'équipage, dont la cabine était séparée de la mienne par une faible cloison de bois.

Je suais à grosses gouttes.

Je parvins à monter sur le pont mon grand coffre à linge et à le descendre, non sans peine, dans le canot, car il était fort lourd. Je remontai ensuite l'échelle et écoutai.

Pas le moindre bruit.

Je le répète, il fallait être insensé pour entreprendre une pareille tentative, si près d'un officier qui pouvait se réveiller d'un moment à l'autre.

Si j'étais pris, cet homme faisait son rapport au capitaine, c'en était alors fait de moi : on me mettait aux fers ; on me supprimait trois mois de gages, et, à mon retour en France, j'attrapais trois mois de prison ; enfin, jusqu'au terme de notre voyage, j'aurai été le martyr du bord...

Je pris dans ma cabine une belle jumelle marine qui m'avait coûté fort cher, ma montre et quelques livres de science qui allèrent se ranger dans le canot à côté de ma malle, mais j'abandonnais avec bien du regret mon grand coffre à outils qui me coûtait plus de quatre cents francs.

Je larguais enfin la bosse (1) du canot en poussant au large ; le cœur me battait bien fort, si le maître d'équipage s'était réveillé et aperçu de quelque chose, il aurait aussitôt fait lever les hommes pour mettre la baleinière à la mer et se lancer à ma poursuite. Où allais-je ? Je l'ignorais... qu'allait-il m'advenir ? Me noyer, qui sait ? Mais une idée fixe me poursuivait : fouler le sol de ce nouveau monde que je n'avais qu'entrevu. Le reste, quel qu'il fut, m'importait peu.

Après une demi-heure de chemin dans la nuit, j'aperçus enfin l'escalier de débarquement, mais avec ma planche je ne pouvais accoster la première marche, car le reflux entraînait mon canot de plusieurs mètres au large, chaque fois que j'essayais d'aborder.

Devant l'inutilité de mes efforts, je pris la corde et me jetai à la mer, où je pris pied en ayant de l'eau jusqu'au cou : je trouvai les premières marches de l'escalier qui plongeait dans la mer et me mis à les gravir, mais le reflux était si violent que la corde me coupait la main et menaçait de m'entraîner ; un moment j'eus l'idée d'abandonner le canot, cependant je parvins à passer la corde autour d'une marche...

J'étais sauvé, et pour la première fois de ma vie je mettais le pied sur le sol américain.

Au moment où j'attirais le canot par l'étrave pour le mettre sur une marche et hors d'atteinte du reflux,

_____

(1) *Bosse*, cordage qui, fixé par une de ses extrémités sur un point d'appui quelconque, sert à retenir un câble, une manœuvre, dans l'état de tension qui leur a été nné.

je vis deux hommes se diriger vers moi, mais, après m'avoir regardé attentivement, me dire :

— *Que esta, señor, esta un marinero?*

Comme je ne leur faisais aucune réponse, ils sifflèrent, sans doute pour demander du renfort.

Au Chili, les agents de police sont munis d'un sifflet en métal blanc, dont ils se servent toutes les dix minutes, pendant la nuit pour annoncer leur présence à leurs collègues.

Aussitôt que les deux agents qui m'avaient interpellé eurent sifflé, je vis quatre ombres s'avancer vers moi en courant. Ils s'emparèrent du canot et de tout ce qu'il contenait et me conduisirent au poste de la Capitanie sous bonne escorte, car j'avais un agent à chaque bras, me tenant par ma chemise de laine, deux autres marchaient devant et deux autres derrière moi.

J'étais bien gardé et de bonne prise, car ma capture devait leur rapporter une prime de cinquante francs.

Au poste, je comparus devant une espèce de magistrat qui ronflait dans un fauteuil : furieux d'être dérangé dans son paisible sommeil, il se contenta de me jeter un regard courroucé et d'ordonner aux sbires de me mettre en sûreté.

On me fit descendre dans une espèce de cave et on me poussa dans une pièce obscure où je n'osais bouger de place, de crainte de me heurter ou de tomber dans un trou quelconque.

Resté seul, je me mis à réfléchir. J'avais réussi dans la première partie de mon évasion, il est vrai, mais j'étais tombé de Charybde en Scylla. En effet, toute illusion était inutile. Le capitaine allait me réclamer, on me réintégrerait sur le *Colbert* et me voilà le souffre-douleur de l'équipage jusqu'à mon retour en France.

— Eh bien, non, me disais-je, non, coûte que coûte, je ne retournerai pas à bord.

J'en étais là de mes réflexions, lorsque j'entendis un ronflement humain, bientôt suivi d'un autre.

— Tiens, pensai-je, il y a assurément deux hommes ici.

L'obscurité était si profonde que je ne pouvais me rendre compte d'où ce bruit pouvait parvenir.

Pour en avoir la certitude, je me mis à tousser fortement afin de réveiller ces heureux dormeurs et leur annoncer ma présence.

Aussitôt, un personnage invisible m'adressa la parole en anglais ; mais ne connaissant que le français, je n'y compris pas grand'chose.

Tout à coup, une allumette-bougie éclaira la pièce et je vis quatre hommes couchés tout habillés sur un lit de camp. Une seconde allumette flamba et tous me regardèrent attentivement en me disant :

— *Come here and sleep.* (Viens dormir).

Dès que je fus allongé auprès d'eux, ils me présentèrent une bouteille de genièvre, en me disant :

— *Willyou drink ?* (Veux-tu boire ?)

Je grelottais, car j'étais tout trempé, aussi acceptai-je avec plaisir et je bus à même la bouteille une forte gorgée qui me réchauffa. Un des quatre matelots, un Norvégien, me couvrit les épaules avec son paletot. Ils reprirent leur conversation, dont j'étais évidemment le sujet. A la fin, l'un d'eux me dit :

— *You, frenchman ?...* (Vous êtes Français ?)

Ce à quoi je ne pus répondre qu'un des seuls mots anglais que je connusse alors :

— *Yes.*

Quelques heures après, le roulement des voitures et le bruit de voix humaines se firent entendre.

Juste au-dessus de nos têtes se trouvait un petit soupirail étranglé dans la grosse maçonnerie, semblable à tous ceux qu'on trouve au fond des vieilles caves. En plus des gros barreaux de fer, il se trouvait hermétiquement fermé — luxe de précautions — par un panneau de bois, dans lequel, effet du travail du bois, se trouvait pratiqué une fente imperceptible à tout autre moment, mais visible alors, à cause des rayons du soleil qui frappaient directement le panneau et s'infiltraient, grâce à cette fissure, dans notre prison, dont ils dissipaient quelque peu l'obscurité.

Le temps passait, et il devait être environ 10 heures, lorsque j'entendis la voix du capitaine qui descendait l'escalier de la « Calabousse » — c'est ainsi que se nommait notre prison, — en criant :

— Vous êtes là, charpentier ?...

— Oui !... Oui !... répondis-je.

— Ah ! ah !... C'est bien, fit-il d'un ton satisfait. A présent, à nous deux ; je vous tiens bien !

Il ne voulut pas que le gardien lui ouvrît la porte et se rendit aussitôt chez le consul français pour lui faire son rapport.

Deux heures après, des agents vinrent me quérir pour me mener au Consulat.

Cette fois, j'étais escorté par quatre agents armés

de fusils, deux à pied, qui me tenaient chacun par un bras, et deux à cheval, l'un marchant devant moi, l'autre derrière.

Nous traversâmes une grande partie de la ville en passant par la Calle del Santo de Dios (rue du Saint-Dieu) qui est la plus belle et la plus animée de Valparaiso. Beaucoup de rues portent des noms de saints, dans ces villes de l'Amérique du Sud, ce qui s'explique par l'influence exercée par le catholicisme romain et les jésuites.

J'étais naturellement le point de mire de tous les passants, des commerçants, et surtout des jeunes filles qui, sur le seuil des boutiques, me regardaient avec mépris.

Des enfants m'envoyaient même quelques lazzis en Espagnol.

— Eh! Français, tu vas à la « *grande Carcelle.* » (Prison centrale.)

Et tous les passants de rire.

Il est vrai que mon costume n'avait rien qui pût plaider en ma faveur et je devais plutôt ressembler à un bandit qu'à un honnête matelot; j'étais vêtu d'une chemise de marin en grosse laine rouge, dont les manches coupées aux coudes laissaient voir mes bras nus, laquelle chemise était agrémentée de grandes taches de goudron; les jambes de mon pantalon, également maculées de goudron, étaient rentrées dans de grandes bottes marines qui sont indispensables aux marins du commerce; à ma ceinture était encore mon couteau à gaine, arme ordinaire pour la manœuvre des voiles; enfin, comme coiffure, j'avais une affreuse casquette blanche que j'avais confectionnée avec des morceaux de vieille toile à voiles.

Nous arrivâmes enfin devant un petit pavillon de style Renaissance, rappelant les charmantes habitations des environs de Paris. Un large drapeau tricolore flottait au gré du vent, indiquant par sa présence la demeure du représentant de la France.

Le capitaine m'avait précédé au Consulat, et on me fit passer dans un cabinet où cinq ou six employés aux écritures étaient occupés à leur besogne.

Un de ces scribes me lut un article de loi condamnant à un mois de prison les matelots déserteurs de la marine marchande; ensuite je dus apposer ma signature au bas d'une feuille rédigée par le capitaine et dont j'ignorais le contenu.

Je n'avais plus conscience de ce que je faisais; malgré cela, j'éprouvais comme une sorte de joie à la pensée d'aller en prison; je pourrais donc étudier les mœurs et coutumes des habitants.

Un secrétaire du consul me dit alors :

— Les agents vont vous conduire à la grande Carcelle où vous allez subir votre peine; quand elle sera terminée, on vous reconduira à votre navire.

Effectivement, les quatre agents qui m'avaient amené m'attendaient à la porte.

CHAPITRE IV

Sous les verrous. — Un préau cosmopolite

Sans me préoccuper de mon escorte, je contemplais avidement la foule qui circulait dans les voies que nous parcourions, et dont le costume, à l'exception de quelques hommes du peuple qui portent le *puncho*, manteau andalou, est tout à fait à la française.

J'admirais aussi les magnifiques magasins, tenus, pour la plupart, par des Français. J'étais tellement absorbé par ce spectacle que mes gardes durent me rappeler à l'ordre plusieurs fois, en me disant en espagnol :

— *Cuida, señor, cuida !* (Attention, monsieur, faites attention !)

Après une petite heure de marche, nous parvînmes au sommet d'une colline. C'était là où se trouvait placée la prison.

Tant à l'entrée qu'au greffe, je fus, à cause de mon accoutrement, l'objet de la curiosité générale.

Les formalités d'écrou remplies, je me trouvai seul le greffier. Quelle ne fut pas ma surprise de l'entendre me parler français ; c'était dans des circonstances semblables, une rencontre providentielle, mais, en dépit de ma joie, je n'osai pas serrer la main de celui qui venait d'être constitué mon geôlier.

Il me demanda la cause de mon arrestation et, en quelques mots, je lui racontai mon aventure.

Il écouta mon récit avec une extrême bienveillance, et se mit à sourire, observant simplement que c'était la passion de m'instruire qui m'avait perdu. Notre conversation terminée, il me présenta une feuille au bas de laquelle j'apposai ma signature ; en remarquant :

— Vous êtes de Paris. Nous sommes du même pays.

Puis il me pria de le suivre, voulant me conduire lui-même à la salle commune, contrairement à l'habitude ; d'ordinaire, en effet, ce sont les gardiens qui conduisent les prisonniers du greffe à l'intérieur de la prison.

Mon guide me mena dans une vaste et longue salle où des deux cotés s'allongeait un interminable lit de camp, semblable à ceux que j'avais installés au bagne de Toulon ; au-dessus de cette couche, sur toute la longueur, il y avait une tablette servant à mettre les bagages des prisonniers, qui ne peuvent séjourner dans ce dortoir que de 6 heures du soir à 6 heures du matin.

— C'est ici, me dit mon compatriote, que vous viendrez ce soir vous coucher à la place qu'il vous conviendra de choisir. Soyez convenable avec vos gardiens et vous n'aurez à vous plaindre de rien.

Au sortir de cette salle, nous traversâmes une petite cour au bout de laquelle mon conducteur ouvrit une porte massive donnant accès dans une autre cour, immense celle-là, où se trouvaient réunis un grand nombre d'individus. C'était là que les prisonniers se tenaient pendant le jour.

Comme je me retournais pour remercier le greffier de son obligeance, il était déjà disparu et avait refermé la porte sur moi.

Au bout de quelques instants, la porte s'ouvrit de nouveau et le brave greffier fit sa réapparition, muni d'un vieux paletot, encore bon cependant et qu'il m'apportait dans le dessein de couvrir mes bras nus et surtout de cacher ma chemise en grosse laine rouge qui attirait tous les regards. Je le remerciai sincèrement.

J'étais d'autant plus touché de l'affabilité de mon compatriote que le Français est, de tous les peuples, celui qui solidarise le moins. J'ai vu, dans les contrées lointaines, des Français ne pouvoir s'accorder par jalousie, à la grande joie des nationaux d'autres pays européens, qui vivaient en parfait accord.

Dans la poche du paletot, je trouvai une casquette anglaise que je m'empressai de mettre tout de suite à la place de ma coiffure blanche qui était si voyante; de la sorte, on ne faisait plus attention à moi. Il ne me restait plus que mes bottes de mer que je laissai le lendemain sur la tablette au-dessus de ma couche où j'avais trouvé une vieille paire de chaussures.

Je me promis bien de ne jamais oublier la bonté de mon compatriote et de lui témoigner ma reconnaissance si jamais l'occasion venait à se présenter.

Dans cette cour se trouvaient réunis des hommes de toutes races et de toutes couleurs, depuis le nègre de la Côte d'Ivoire et le créole du Brésil jusqu'à des Chinois et des Arabes, dont les longs burnous faisaient comme une tache blanche au milieu de cet amas d'habits sombres.

Les prisonniers qui ont de la famille dans le pays se font apporter par leurs parents une petite batterie de cuisine, car la nourriture de la prison est insuffisante. Les étrangers qui ont les moyens peuvent se procurer, par l'intermédiaire des gardiens : charbon de bois, viande, pain, café, sucre, tabac ; sont interdits les vins et les alcools.

Les privilégiés de la fortune passent leur temps à faire leur cuisine qui se termine par le café en fumant force pipes ou cigarettes.

Chose assez étrange et injuste, un prisonnier, moyennant une somme proportionnée à la gravité de la condamnation, peut racheter sa liberté.

L'administration pénitentiaire ne fournissant pas de costume aux détenus, la plupart de ces malheureux sont en haillons ou couverts de vermine.

Dans la journée, la monotonie de cette existence de claquemurés est fréquemment rompue par des scènes de pugilat qui sont un véritable régal pour les prisonniers. Ce sont des batailles en règle, au cours desquelles il est formellement interdit aux combattants de se servir des pieds, grand moyen de défense des Français, sous peine de se voir enlevé par les spectateurs et roué de coups de poing.

Quand, toujours pour une chose futile, une discussion s'élève entre les deux hommes, les prisonniers font aussitôt le cercle autour d'eux, en vociférant pour les exciter à la boxe.

Les deux adversaires se dépouillent vivement de leurs coiffures, paletots et chemises, qu'ils jettent aux spectateurs, puis, les yeux dans les yeux, ils se présentent les poings en tournant trois ou quatre fois sur eux-mêmes, avant de s'attaquer. Il me fut donné de voir de ces hommes qui sortaient de ces rixes la figure en bouillie, aveuglés par le sang qui coulait jusque sur leur poitrine.

La lutte ne devait cesser que lorsque les spectateurs retiraient le vaincu des mains du vainqueur et l'envoyaient se laver à la pompe, cela pendant qu'on faisait une ovation au vainqueur.

Les factionnaires, qui sont des soldats de l'armée de terre, montent la garde dans la cour, au milieu des prisonniers, auxquels il leur est expressément défendu d'adresser la parole. Ils assistent à ces scènes sans pouvoir intervenir, leur tâche se bornant à empêcher les évasions.

Le soir venu, on distribue à chaque homme une cuiller et une assiette en fer blanc remplie d'une purée de pommes de terre.

Je me liai d'amitié avec un brave matelot canadien, natif de Montréal, mon compagnon de couche. Ce brave garçon, très sympathique, avait été condamné à un mois de prison, pour refus d'obéissance envers le second de son navire, qui voulait le faire travailler le dimanche.

L'établissement ne fournissait pas de couvertures, aussi chacun se couvrait les épaules et la figure comme il pouvait, pour éviter les piqûres des mous-

tiques, soit avec un paletot, soit avec une couverture, car, chose singulière, quelques-uns des prisonniers viennent subir leur peine avec tout un bagage
consistant en une batterie de cuisine assez complète,
une garde-robe et une ample couverture.

Ces hommes sont en général des nomades qui
voyagent d'une ville à l'autre, toujours munis, en
plus de l'attirail désigné plus haut, d'un matelas
qu'ils allongent sur le paquebots qui fait le service
des côtes du Pacifique.

J'ai assisté à ces voyages pittoresques dont je par-
lerai plus loin.

Huit jours après, à mon grand étonnement, je vis
entrer dans la cour un matelot du *Colbert*, que nous
avions surnommé à bord « le petit Moco », à cause
de son origine marseillaise.

Petit, nerveux, vrai type du marin accompli, le
« Moco » était un homme courageux, aussi bien dans
le travail quotidien qu'au moment du danger. Le
premier en haut de la mâture lorsque, en temps de
tempête, il y avait des voiles à serrer, il était le premier sur le pont, enfourchant un galhauban tandis
que les autres se servaient des enfléchures.

Une nuit, en pleine tempête, une rixe éclata entre
le second et lui.

La grande voile d'étai venait de se déchirer entièrement par la force du vent, avec le bruit d'un coup
de canon ; l'amure était capelée à la boucle du pont
par un croc à S, voltigeait au gré de la tourmente et
on risquait, en essayant de s'en emparer, d'être tué
sur le coup. Le petit « Moco » fut le premier à se
précipiter pour l'arrêter ; le second ne voulant pas

être en reste de courage, se jeta également sur
l'amure, mais il fit une fausse manœuvre et envoya
le croc dans l'œil du matelot, dont la douleur fut si
vive qu'il poussa un formidable juron en provençal
et donna une poussée au second, qui riposta. Les
deux hommes se prirent alors à bras-le-corps et rou-
lèrent sur le pont inondé.

Le capitaine intervint, mais sachant que le matelot était un homme sur lequel l'on pouvait compter
dans le danger, il ne lui fit aucune réprimande et se
borna à faire comprendre assez rudement au second
qu'il avait été maladroit.

L'affaire en resta là, mais les deux adversaires
s'en voulaient, et, à tout moment, le second cherchait à prendre sa revanche; l'occasion s'en présenta en rade de Valparaiso.

Sur un faux rapport qu'il adressa au capitaine, le
matelot fut mis aux fers. Quand le bracelet de la
barre de justice fut fermé, on le laissa seul dans la
soute à voiles avec le panneau ouvert.

Un quart d'heure après le « Moco » était sur le
pont, sa barre entre les mains, qu'il jeta par-dessus
bord à la mer en présence du capitaine et du second.
Il avait un si petit pied qu'il était arrivé à le passer
par l'anneau et, une fois délivré, il était remonté sur
le pont accomplir son exploit.

Le lendemain matin, les matelots de la Capitanie
vinrent le chercher pour le conduire chez le consul
français qui lui infligea incontinent un mois de prison avec suppression de trois mois de gages, ce qui
ne lui plaisait guère.

A partir de ce moment, le Canadien, le Moco et

moi, nous devînmes inséparables. Le Moco parta-
geait mes idées, et avait l'intention de ne plus rester
à bord du *Colbert* après l'expiration de sa peine.

Je le vis en effet quelques mois après à Coquimbo
possesseur d'un canot et faisant le transport des
voyageurs.

Enfin, le 28e jour les agents vinrent me chercher
pour me reconduire chez le consul. Je fis mes adieux
au Canadien, ainsi qu'au Moco. Cette fois-ci, mon
costume n'attirait plus autant les regards ; en outre,
je n'avais pour m'accompagner que deux agents à
pied qui me laissaient libre de mes mouvements,
puisque j'avais subi ma peine.

Arrivé chez le consul, j'aperçus le capitaine qui
attendait mon retour pour me reconduire à bord.

Je demandai au secrétaire la faveur d'être reçu
seul par le consul. Celui-ci, sur la communication
de mon désir, me fit entrer dans son cabinet, après
avoir prié le capitaine de se retirer dans une pièce
voisine.

Sans me regarder, occupé qu'il était à vérifier des
feuilles ou à dépouiller sa correspondance, il me
dit :

— Qu'avez-vous à me dire ?...

— Vous voulez, monsieur, que je retourne à
bord ?...

— Certes, c'est votre devoir.

— Eh bien ! monsieur, je puis vous assurer que
je déserterai de nouveau, si ce n'est pas ici, ce sera
dans un autre port. Laissez-moi à terre, je vous en
prie, je suis capable de me suffire avec mon métier.
Si je retourne à bord avec le capitaine, je serai

malheureux jusqu'à mon retour en France, et qui peut prévoir ce qu'un homme poussé à bout est capable de faire... ?

Le consul me regarda attentivement et réfléchit quelques minutes, minutes qui me parurent des siècles. J'étais comme un accusé qui attend sa sentence.

Il me fit sortir et redemanda le capitaine, dont la voix se faisait parfois entendre jusque dans la pièce où je me trouvais. On aurait dit qu'il était furieux. Il sortit quelques instants après et gagna la porte sans même daigner me regarder.

Le consul me fit rappeler.

— Vous ne connaissez personne ici ?... me demanda-t-il.

— Non, monsieur.

— Mais où voulez-vous aller ?

— N'importe où ; je trouverai toujours du travail. Il doit y avoir des Français dans cette grande ville...

— Vous n'avez plus d'effets de rechange ?

— J'en avais beaucoup, mais les agents m'ont tout pris...

Le consul appela un de ses secrétaires et lui dit :

— Vous allez conduire cet homme chez Matthieu, qui tient l'hôtel-restaurant français, sur la place de la Matrice.

Je saluai respectueusement le consul et je suivis l'employé chargé de me conduire.

Ouf !... J'étais sauvé ! J'étais libre !...

CHAPITRE V

___

En liberté. — Excursion à Valparaiso

Je ne saurais exprimer la joie que je ressentis en mettant le pied dans la rue, libre enfin de mes actions. Le mouvement de la ville m'étourdissait. Après avoir traversé une grande place, nous arrivâmes à la place de la Matrice, et nous pénétrâmes dans l'hôtel où mon guide me recommanda à son propriétaire, M. Matthieu, de la part du consul.

Ce monsieur me reçut cordialement, m'encouragea de son mieux et me mit immédiatement en relations avec des compatriotes.

Je passai une nuit excellente, il y avait en effet cent soixante jours que je n'avais pas couché dans des draps !

Le lendemain matin un garçon de l'hôtel me conduisit chez un compatriote qui m'avait invité à déjeuner et qui habitait dans une de ces petites maisons étagées sur le versant de la montagne et qui apparaissent les premières aux yeux quand on pénètre dans la rue.

Après avoir parcouru plusieurs sentiers, plus accidentés les uns que les autres, nous arrivâmes au but de notre course, qui était une charmante case (maison) précédée d'un ravissant jardinet aux allées sablées avec un soin extrême. Deux enfants y traînaient un minuscule tombereau de sable et s'y ébattaient joyeusement.

M. Louis, l'habitant de cette gracieuse maisonnette, à l'heure présente pompier français de Valparaiso, était un ancien matelot de la marine marchande qui avait déserté à l'époque où le Chili estimait et recherchait les Français ; mais, hélas ! depuis 1870, les Allemands ont pris notre place ; leur haine nous poursuit partout et nous fait bafouer.

Je visitai donc la maison de mon hôte, qui me montra plusieurs médailles gagnées par lui dans différents concours de pompes et manœuvres de sauvetage. Tout en les fourbissant et en les raccrochant soigneusement, il m'indiquait l'origine de chacune.

— Celle-là, je l'ai gagné contre les pompiers Italiens... Celle-ci contre les Anglais, cette autre contre les Allemands, etc.

A Valparaiso, où les incendies sont fréquents, il y a des compagnies de pompiers de toutes les nationalités et deux fois par an ont lieu des concours de pompes. Tous les concurrents rivalisent alors de zèle et de souplesse devant le jury où prennent place des représentants de toutes les puissances.

On peut le dire sans forfanterie, ce sont les Français qui obtiennent les plus hautes récompenses.

Après le déjeuner, M. Louis me fit cadeau d'un costume complet puis m'emmena avec lui pour voir le port, où il possédait une baleinière.

Je revis en plein jour l'escalier où j'avais failli me noyer; l'entrée de la Calabousse et aussi le petit soupirail où je cherchais en vain la fissure par où pénétrait un faible rayon de soleil. Maintenant que je me trouvais libre, tout le passé me semblait un mauvais rêve !...

Mon cicerone me fit parcourir toute la baie, où bon nombre de navires étrangers et Chiliens, se trouvaient à l'ancre. Nous fîmes même le tour du *Colbert* où tout l'équipage me reconnut et me salua, à la grande rage du capitaine, qui criait de toutes ses forces : « Ne le laissez pas monter, ne le laissez pas monter », tant il avait peur que je revinsse chercher mon beau coffre à outils.

Nous abordâmes la nuit et mon guide me fit passer dans des quartiers excentriques où les cases n'ont qu'un rez-de-chaussée et sont habitées par la classe ouvrière. C'était l'heure où les femmes préparaient le repas, et devant chaque maison se trouvait le petit fourneau où brûlait le charbon de bois sur lequel cuisaient les aliments.

Les portes de toutes les cases étaient ouvertes, laissant voir l'intérieur, où existe toujours une petite chapelle garnie de fleurs artificielles et de dentelle, où trône une sainte vierge et où les jours de fêtes et le dimanche brûlent constamment un grand nombre de petits cierges.

Quelques-unes de ces cases sont habitées par des filles de joie, généralement très jolies, avec leur magnifiques chevelures dont les tresses leur descendent jusqu'aux jarrets.

Malgré leur vie de désordre, elles ont devant leur couche une luxueuse petite chapelle. Mœurs et idées étranges, fanatisme inconscient et interprétation à rebours de la religion, qui fait effacer des fautes par des pratiques extérieures.

Les Chinoises, quand elles se livrent à un Européen, font brûler à ce moment sur la table quantité de petits cierges pour effacer l'offense qu'elles font à leur idole, ce qui ne les empêche pas d'empocher soigneusement l'argent qu'elles reçoivent.

Au milieu de notre promenade, M. Louis m'arrêta, en me montrant une case où quatre jeunes filles dansaient et chantaient au son de la guitare autour d'un berceau entouré de cierges allumés. Ces danseuses tenaient un mouchoir blanc à la main et le faisaient gracieusement voltiger. Cette danse se nomme la Chilienne.

Comme nous étions arrêtés, intéressés par ce spectacle, elles nous appelèrent en nous invitant à entrer.

M. Louis, qui connaissait les coutumes, entra le premier et parla en espagnol aux jeunes filles. L'une d'elles m'adressa la parole, mais voyant que je ne comprenais pas, elle me présenta une chaise et la conversation continua entre elles et mon compagnon, conversation dont j'étais apparemment le sujet, car les yeux se fixaient fréquemment sur moi.

Je n'avais point encore vu jusqu'à présent, ce qu'il y avait dans le berceau; en m'approchant, j'aperçus un jeune enfant d'environ deux ans, vêtu de ses plus beaux effets, allongé sur cette couche garnie de dentelles et de linge fin. Ce bébé avait la figure si fine qu'un moment, je m'imaginais qu'il était en cire. Et pour cause, il était mort.

Au Chili, lorsque parvient la mort d'un petit enfant, les parents et les amis sont heureux et se réjouissent. Ils dansent et chantent autour du petit cadavre lequel, d'après leurs croyances, est un ange de plus au ciel, un ange qui les y précède pour leur retenir une place.

Le petit lit était couvert de fleurs vivaces qui exhalaient un doux parfum.

Mon compagnon revint vers moi en me disant :

— C'est un Valerio.

Je me découvris avec respect et pris une branche de buis qui trempait dans un vase et j'en aspergeai légèrement le petit être.

Comme nous nous disposions à sortir, les jeunes filles, touchées des égards que nous leur avions témoignés, versèrent une bouteille de *cerveza* (bière mélangée de limonade gazeuse) dans un énorme verre et nous le présentèrent. J'y trempai mes lèvres ainsi que M. Louis, car il ne faut jamais refuser quand on vous offre une grande coupe ou un grand verre, c'est le plus grand honneur que l'on puisse faire à un étranger. Refuser serait outrager autant qu'il est possible de le faire ceux qui invitent.

Quant ce fut au tour des jeunes filles de boire, elles mirent les lèvres à l'endroit où j'avais posé les miennes...

Le lendemain matin, un matelot de l'Etat chilien vint chez mon hôte, dont l'adresse lui avait été com-

muniquée par M. Matthieu. Il nous demanda s'il ne
s'y trouvait pas depuis la veille un matelot charpentier, récemment encore à bord du *Colbert*. Je répondis que c'était moi.

— Je viens, me dit-il, de la part de mon commandant, pour vous demander si vous voulez bien travailler pour lui dans sa villa à Vina-del-Mar, un
petit pays sur les bords de la mer, à deux lieues
d'ici sur la ligne du chemin de fer qui va à Santiago.

Je restai tout interdit à cette proposition, me demandant comment je pouvais déjà être connu, et je
présumai que ce devait être par l'entremise du consul français.

Nous nous rendîmes tous trois à la gare de Valparaiso et M. Louis me quitta après une cordiale
poignée de mains et non sans m'avoir fait promettre
de revenir le voir le dimanche suivant.

CHAPITRE VI

Un paradis de Mahomet. — Un pays de fanatiques

Une foule bizarre et cosmopolite encombrait les quais de la gare. Les Italiens, les Allemands, les Belges, chacun avec un attirail complet de mineur, en formaient la majeure partie, et se dirigeaient vers les mines des Cordillères.

Nous descendîmes à la première station, qui est Vina-del-Mar. Mon guide me conduisit, après quelques détours, devant une magnifique villa dont le derrière donnait sur la voie ferrée, qu'aucune haie ou barrière n'empêche de traverser. Les piétons y marchent librement, comme sur la route, de même que les mules, qui sont chargées souvent de très lourds fardeaux. Cette liberté de circuler sur les voies ferrées fit qu'un jour, voulant faire le chemin à pied jusqu'à Valparaiso, je faillis payer mon imprudence de ma vie. Comme je passais sur un grand pont en bois construit en viaduc, j'entendis un homme me crier :

— *Cuida, señor, mira el ferro-carril.* (Attention, monsieur, voilà le train).

Je tournai la tête et je vis arriver à grande vitesse le rapide de Santiago. Je n'eus que le temps de me précipiter dans un des petits refuges pratiqués pour les aiguilleurs, le train passa aussitôt, me couvrant d'étincelles qui s'échappaient de la machine et m'inondant d'un nuage épais de vapeur. Cet incident me bouleversa tellement que j'eus longtemps des palpitations de cœur.

Une autre fois, mais dans un pays plus lointain, j'eus à peu près la même aventure. J'étais à Auckland, qui est de l'autre côté de l'immense baie de San-Francisco (Californie), point terminus de cette incomparable ligne du chemin de fer du Pacifique.

Relevons, en passant, une erreur souvent commise par les Européens qui s'imaginent que les trains arrivent directement en ville de San-Francisco. La ligne du Pacifique aboutit, après un parcours de douze cents lieues, à Auckland, où les voyageurs prennent le bateau qui les mène à la capitale de la Californie. La traversée de la baie dure une heure.

Je traversais le soir, par un temps brumeux, la voie ferrée, lorsque arriva l'express de Sacramento. Je restai une seconde sans avancer ni reculer, et je voyais pourtant le fanal de la formidable machine grossir avec une rapidité vertigineuse. Comme il y avait une quantité de lignes, je ne pouvais distinguer sur laquelle elle se trouvait. Tout ceci se passa en quelques secondes.

Je reculai, le train passa comme un éclair.

Si malheureusement un autre train avait croisé

celui-ci j'étais broyé, car je me trouvais sur des embranchements.

Nous voici donc devant la villa.

Une créole vint nous ouvrir, une grande et belle jeune fille comme il s'en trouve à la Martinique, à la taille élancée, à la poitrine rebondie, aux yeux et à la chevelure d'un noir d'ébène. Elle parla à mon guide et je vis, à son sans-gêne à lui répondre, que celui-ci était un habitué de la maison.

Après avoir franchi un vestibule garni de trophées d'armes océaniennes authentiques, nous traversâmes un grand jardin rempli de fleurs qui m'étaient inconnues et dont les délicats parfums embaumaient l'atmosphère.

Quel contraste avec mon existence de ces dernières semaines. Comme tout me souriait et me semblait beau dans cet autre monde que je n'avais vu qu'en rêve. Comme il me paraissait bon vivre sous ce ciel si doux et si pur.

On nous fit entrer dans une vaste cuisine toute reluisante de propreté et dont les casseroles en cuivre scintillaient, admirablement rangées d'ailleurs selon leurs dimensions. Il y avait deux femmes, dont la plus âgée nous salua respectueusement et nous pria de nous asseoir. La plus jeune était une jeune Chilienne, reconnaissable à la longue tresse de sa chevelure ; elle ne cessait de me regarder, car un étranger est toujours un objet de curiosité.

Les deux femmes qui nous avaient reçus s'occupèrent aussitôt, avec un empressement des plus louables, à dresser deux couverts sur la grande table de cuisine et de nous servir quantité de plats de vian-

des rôties et de volaille, avec lesquelles notre ro-
buste appétit pouvait se satisfaire amplement. Il en
fut de même pour le vin qui, à mon grand étonnement, était du véritable bourgogne.

Quand le déjeuner fut terminé, mon guide me fit
ses adieux en me serrant la main et en me disant :
« Vous serez heureux ici, j'en suis persuadé, car
vous êtes chez de bien braves gens qui vous traite-
ront comme étant de la famille plutôt que comme
un étranger. »

Le soir venu, le commandant rentra, il était en
civil.

C'était un homme de taille au-dessus de la
moyenne, à la figure sympathique. Originaire de
l'Amérique du Nord, il parlait fort bien l'espagnol
et encore mieux l'anglais, mais paraissait fort con-
trarié de ne pas connaître suffisamment le français ;
cependant il le parlait assez pour arriver à se faire
comprendre.

Avec beaucoup d'amabilité, il me demanda si la
maison me conviendrait. Je lui répondis, que je
n'avais encore eu le temps de me faire à ma nouvelle vie, mais que j'étais persuadé de me plaire
chez lui.

Je lui témoignai toute ma gratitude pour l'intérêt
qu'il marquait à mon égard. Il m'apprit alors qu'il
avait entendu parler de moi dans l'entourage du
consul français, que celui-ci même m'avait signalé
comme étant le charpentier du *Colbert*, et que,
d'après le capitaine de ce navire, tous les travaux
qui m'avaient été confiés à bord avaient été exécutés
à sa plus grande satisfaction.

Le commandant conclut en espérant que je m'acquitterais aussi bien des travaux qu'il avait à me confier que de ceux faits à bord du trois-mâts.

Il me donna alors rapidement ses instructions concernant les travaux de charpente et de menuiserie que j'aurais à faire chez lui, notamment des beaux meubles d'encoignure et cintrés sur plan pour les quatre angles de sa salle à manger, ainsi que des meubles de cuisine et de grandes armoires pour la lingerie.

Comme le commandant terminait ces explications, la porte du salon s'ouvrit et j'en vis sortir une jeune et jolie femme, aux élégantes manières, que le commandant me présenta comme son épouse; elle devait, durant son absence, me donner les renseignements nécessaires pour l'exécution de mes travaux. Je m'inclinai respectueusement devant elle, puis elle parla en espagnol quelques instants avec son mari et se retira aussitôt, en accompagnant son salut d'un gracieux sourire.

Le lendemain, je me mis consciencieusement à la besogne, ayant à cœur, en ma qualité de Français, de mériter les compliments anticipés que m'avaient déjà adressés le commandant.

Quelques semaines après, j'appris que mon ami Flotté avait également quitté le *Colbert* et qu'il avait contracté un engagement à bord d'un navire de guerre chilien.

Je demeurai quatre mois dans cette villa, qui me semblait un paradis. Je faisais la cour à la belle créole qui était jalouse de la jeune Chilienne. Mais, à chacune, je jurai fidélité; de la sorte, j'avais les faveurs de toutes les deux.

Enfin, comme me l'avait si bien prédit le guide qui m'avait conduit dans ce charmant séjour, j'étais heureux, parfaitement heureux! Jugez-en!

D'abord, j'étais payé à raison de deux piastres (10 fr.) par jour, nourri, couché et blanchi. Mais aussi, quelle nourriture! Dans le plus grand hôtel de la ville, je n'aurais certainement pas eu meilleure table; aussi, commençais-je à m'arrondir comme un curé de campagne.

Tout cela sans compter que les trois femmes s'ingéniaient de toutes leurs forces pour m'être agréable. Aussi, un souvenir des plus agréables m'en est-il resté, et je considère les jours que j'ai passés à Viña-del-Mar comme les plus beaux et les plus calmes de mon existence tourmentée.

Mais hélas! cet heureux temps touchait à sa fin.

Mes travaux étaient terminés. Le commandant, avant de se séparer de moi, voulut me témoigner son entière satisfaction, en me contraignant à accepter, comme gratification, un condor (50 fr.) Je ne voulais pas le prendre, assurant que je me trouvais suffisamment payé de mon travail par les bons soins que j'avais reçus chez lui, mais il me répondit que je lui ferais une offense si je n'acceptais pas son offre, et force me fut d'en passer par là.

Mes adieux aux deux jolies filles, la créole et la Chilienne, ne se firent pas sans larmes, bien entendu.

Mon intention était de me rendre à Santiago, qui est la capitale et que trente lieues seulement séparent de Valparaiso; j'en avais souvent entendu faire l'éloge, tant par sa situation au pied des Cordillères que pour son climat sain et tempéré. Je me promettais surtout de visiter le magnifique square Santa-Lucia dont j'avais entendu vanter la magnificence et la beauté ; il a été créé par un Français.

Cependant, avant de rien décider, je résolus de faire part de mon projet à M. Louis, et je partis le voir à Valparaiso. Il me reçut avec son affabilité ordinaire et consacra plusieurs journées à me faire visiter la ville.

Mes lecteurs me permettront, en passant, une courte disgression sur les coutumes religieuses des Américains du Sud, surtout des Péruviens, le plus catholique des peuples avec les Espagnols. Là-bas, la religion est outrée et confine au fanatisme, aussi les églises y abondent-elles. Une particularité qui leur est propre, c'est de manquer de chaises, détail qui serait loin de plaire à nos jolies Parisiennes, à qui, généralement, il en faut deux.

Les femmes, qui forment à elles seules les trois quarts des fidèles (comme un peu partout, du reste), ne manquent jamais d'assister au plus petit office divin ; or, comme il n'y a pas de quoi s'asseoir et que ces aimables personnes sont constamment à genoux, pour éviter le dur contact des dalles, elles se munissent toutes d'un petit tapis de la grandeur d'un mouchoir de poche que chacune étend à sa place ; aussi, est-ce un spectacle à la fois gracieux et original que de voir les femmes se rendre à l'église, le tapis sur le bras droit et tenant de la main le livre de messe, aussi riche que possible, naturellement. Ces deux objets, portés en évidence, sont, paraît-il, indispensables pour faire une fervente prière. Plus le livre est doré sur les tranches, plus la couverture est enjolivée de nacre ou de pierreries, plus la prière est sincère, plus elle est exaucée par Celui qui n'avait pas un lieu où reposer sa tête. Tristes erreurs !

Je me suis souvent posté sur le seuil d'une église, non pas pour suivre l'office, je l'avoue en toute sincérité, mais pour admirer la beauté des femmes, qui est là-bas proverbiale ; toutes les jeunes filles ont la tête enveloppée dans une mantille, dérobant ainsi aux yeux indiscrets, leurs beaux yeux noirs et leur magnifique chevelure ; seule, une longue tresse s'allonge dans le dos comme un serpent, pour descendre parfois jusqu'à mi-jambe.

Toutes les femmes prennent un soin extrême de leur teint ; aussi, quand elles sortent, pour éviter les ardeurs du soleil, se couvrent-elles soigneusement le visage, dont la chair est blanche comme de la cire. Elles sont, en général, d'une nature fort nonchalante et n'ont qu'un souci : celui de leur beauté.

La principale richesse, dans cette région du Chili, consiste en minerais d'or, de cuivre et de plomb. De ce dernier même, on extrait de l'argent. Jadis, ce pays en possédait beaucoup plus ; mais aujourd'hui, une bonne partie des mines est épuisée, celles de de cuivre exceptées ; le rendement de ces dernières est toujours aussi important. C'est à Coquimbo que fonctionnent les fonderies et que se font les chargements.

Avant l'année terrible (1870), la France était en excellents termes d'amitié avec le Chili et entretenait de très cordiales relations avec cette puissance. Mais depuis nos désastres, notre impitoyable vainqueur nous a supplantés. C'est en effet en Allemagne que sont pris les instructeurs des armées de terre et de mer.

Depuis sa victoire sur le Pérou, le Chili est devenu une puissance hautaine, autoritaire. Ses premières conquêtes l'ont énorgueilli au point de se croire une seconde Allemagne, l'Allemagne de l'Amérique du Sud.

Aussi les Tudesques sont-ils bien vus, bien reçus partout. En tous lieux le germain se montre et se distingue par ses grandes usines, ses grands hôtels, ses hauts-fourneaux. Tous ces industriels sont aidés par le gouvernement allemand, qui fait les avances pécunières.

Les progrès de l'Allemagne semblent menacer tout particulièrement l'orgueilleuse Angleterre, qui ne tardera pas, pour peu que cela continue, à passer au second rang. Quant à la France, il est à peu près inutile d'en parler, ce qu'elle fait en faveur de son influence à l'étranger et rien étant à peu près la même chose.

Mais je revins au Chili. Depuis longtemps, grâce à M. Louis, qui mettait gracieusement sa baleinière à ma disposition, je me rendais au milieu de la baie, d'où je prenais grand plaisir à voir partir les magnifiques paquebots d'une riche Compagnie chilienne faisant le service de toute la côte du Pacifique.

Je me promettais bien, du reste, de faire un jour ce voyage qui ne me coûterait pas moins de vingt plastres (200 fr.), aller et retour.

CHAPITRE VII

La côte chilienne. — Emigrés et Indiens

L'occasion de faire ce voyage se présenta bientôt d'une façon inespérée et je m'empressai d'en profiter. Un de ces paquebots, la *Ville de Copiapo*, me fit demander en qualité de charpentier à son bord.

Le genre de construction de ces superbes et grands steamers est tout autre que ceux qui font le long cours.

Ils ont un et même deux faux ponts, bien aérés. Ils ne portent aucune voiture, contrairement à l'usage des paquebots transatlantiques. A quoi servirait-elle, du reste ? La mer est si belle et si paisible dans ces parages, qu'elle vous donne comme le désir d'y marcher.

Le pont qui se trouve au soleil est recouvert d'une immense toile appelée : *Tente-abri*, destinée à protéger les voyageurs contre l'ardeur du soleil pendant le jour, et de la lune pendant la nuit.

L'ardeur de la lune ? Certainement ; dans les régions tropicales, et principalement en mer, les coups de lune sont plus dangereux que les coups de soleil, tout singulier que cela puisse paraître.

J'ai vu sous l'équateur des matelots s'endormir sur le pont quand nous étions au mouillage au Callao et ne plus pouvoir ouvrir les yeux le lendemain matin quand sonnait le branle-bas pour le lavage du pont; ils avaient les paupières gonflées et de la grosseur d'une noix.

Ce fut au cours de ce voyage que je vis embarquer, pour la première fois, des émigrants.

C'est un curieux spectacle. Ils voyagent avec un matelas, une ou deux valises, dont l'une renferme une batterie de cuisine, et l'autre le linge de corps; ils s'embarquent presque tous avec ces accessoires dans le but de travailler aux mines, car dans ces pays où la fièvre de l'or règne à l'état endémique, il n'existe pas d'hôtels, et chacun campe et s'arrange pour le mieux.

On peut ajouter, sans exagération, que le mineur émigrant ressemble à un musée d'artillerie vivant, et les brigands de la Sicile ne sont pas mieux armés, car, sans compter les poignards et les rasoirs, il porte, sur chacune des fesses du pantalon, un revolver contenu dans une poche étroite et profonde. C'est la vraie lutte pour la vie qu'ils s'apprêtent à soutenir et ils emportent avec eux leurs arguments.

A bord, ils étendent leur matelas sur le faux pont, s'y installent bravement et tous, hommes, femmes, enfants, s'y jettent tout habillés et ronflent comme toupies d'Allemagne.

Lorsque j'étais de quart la nuit et que je faisais ma ronde d'officier, fanal à la main, j'étais parfois témoin de scènes étranges. Il me fallait passer entre les deux rangées de matelas, si nombreux que parfois ils se touchent. Curieux spectacle que ces passagers dormant d'un sommeil plus ou moins agité : quelques-uns se trouvaient au milieu de mon passage ; d'autres étaient étendus en travers de leurs matelas, la moitié du corps sur le matelas de la voisine ; une autre dormait profondément, la tête entre les deux pieds de son voisin qui avait retiré ses bottes.

Ce fut sur ce paquebot, un jour que nous faisions escale à Orica, que je vis pour la première fois une indigène, une femme Peau-Rouge monter à bord. Elle portait sur le dos un fardeau enveloppé dans une toile, une espèce de châle attaché à son cou et à sa taille. Tout d'abord on se demandait, vu sa démarche et son accoutrement, si c'était un homme ou une femme ; ses cheveux, qui tombaient par mèches sur son visage, étaient si noirs et si épais que l'on aurait juré du crin ; elle était pieds et jambes nus, et sa mauvaise jupe était réellement trop courte pour pouvoir constituer une mise décente.

Quand elle fut arrivée sur le faux pont qu'elle explora du regard, elle hésita un moment. Enfin, elle parut avoir trouvé une place convenable ; elle défit le châle qui contenait son fardeau, en tira une espèce de macaque, à tête frisée, et lui présenta son sein, si toutefois on peut appeler sein une sorte d'outre, flasque et vide, et s'étendit à terre où elle s'endormit aussitôt, sans aucun souci de quelques passagers européens qui l'examinaient curieuse-

ment... mais tournaient prestement les talons, tellement elle était hideuse et dégoûtante. Assurément,
ce monstre non civilisé se rapprochait plus du go-
rille que d'un être humain.

Notre première escale fut à Coquimbo, agréable
petite ville, à vingt lieues de Valparaiso, où le hasard
me fit rencontrer, parmi les baleinières qui venaient
conduire des voyageurs à bord, le « Moco » qui
était parvenu à quitter le *Colbert*. Comme il était
possesseur d'une baleinière, il me conduisit à terre,
où nous déjeunâmes ensemble. Il me dit qu'il était
heureux, qu'il était son maître et que probablement
il allait bientôt se marier. Nous ne prîmes pas congé
l'un de l'autre sans une promesse de nous revoir.

Le steamer se remit en route pour faire escale au
port de Copiapo, petite localité au sol brûlant et
aride, comme en beaucoup d'endroits, du reste, de
la côte du Chili.

Après avoir embarqué quelques passagers, le paquebot reprit sa marche sur Coldéra, Méquillone,
Pisagua, Antofagasta. Ce dernier port, comme tous
les autres, est de peu d'importance et son commerce
se borne aux minerais tirés des montagnes voisines
que des mulets apportent au rivage par des sentiers
rocailleux et accidentés.

Ce petit port appartient à la Bolivie. C'est même
le seul que possède cette république de quatrième
ordre, dont Sucre est la capitale, à une cinquantaine
de lieues dans l'intérieur, et qui est enclavée entre le
Chili, le Pérou et l'immense Brésil.

Notons en passant, qu'à l'exception d'Iquique et
de Pisagua, on ne trouve pas d'eau douce dans les

ports du Chili. Ces deux derniers reçoivent la visite d'une foule de petits bricks qui vont y remplir leurs citernes, pour aller ensuite la vendre, à raison de cinquante centimes la seille, dans tous les ports qui en sont privés.

Beaucoup d'indigènes et presque tous les animaux domestiques ne boivent que de l'eau de mer ; mais malgré son épuration par la vapeur, elle conserve toujours un goût désagréable et saumâtre, sans parler de maux de ventre qu'elle vous occasionne.

Nous fîmes escale à Arica, Islay, Arequipa et finalement au Callao, point terminus de notre voyage. Je reparlerai plus tard de ces pays où j'ai séjourné et travaillé longtemps.

De retour à Valparaiso, je me hâtai d'aller rendre visite à mon ami Louis, qui me reçut à bras ouverts et me força à passer chez lui plusieurs semaines de repos. Je cherchai à me rendre utile par plusieurs travaux de jardinage, ce qui lui permit de me féliciter ironiquement de mon nouveau métier.

Ces travaux de jardinage terminés, j'obtins de mon ami qu'il me laissât réparer sa baleinière et remplacer certains bordages et membrures qui se trouvaient en mauvais état.

Comme je travaillais en plein air, sur le bord de la mer, — à l'endroit même où je faillis me noyer lors de ma désertion du *Colbert* — plusieurs Chiliens qui avaient des baleinières à réparer venaient me demander des conseils. Je me faisais un plaisir de leur répondre et de montrer la supériorité des Français.

Lorsque la baleinière fut terminée, elle était

comme neuve. Les chefs de la Capitanie, qui venaient très souvent examiner mon travail, me proposèrent alors d'en construire une pour le compte de la marine chilienne. Mais je refusai, ne voulant pas demeurer à Valparaiso. La passion des voyages, certes, me fit perdre un avenir assuré.

Un jour, M. Louis me conduisit à bord d'un trois-mâts à voiles français, le *Cap-Horn*, où il avait plusieurs colis à porter. Le capitaine de ce navire me fit l'offre de m'embarquer comme charpentier, car il lui manquait des hommes.

Le *Cap-Horn* devait faire escale à Coquimbo, prendre des saumons de cuivre pour Liverpool; puis, pour compléter son frêt en salpêtre, se rendre à Iquique, et, de là au Mareille, petit port situé à quatre lieues de cette ville.

Je ne voulus pas m'engager tout de suite et ajournai ma réponse au lendemain.

Après avoir bien réfléchi, et comme je n'avais plus rien à visiter dans la ville, j'allais informer le capitaine du *Cap-Horn*, que j'acceptais ses propositions.

CHAPITRE VIII

**A bord du « Cap-Horn ». — Un navire
d'ivrognes. — Pêche miraculeuse.**

L'obligeant M. Louis et mon bon ami Flotté vinrent m'accompagner à bord du *Cap-Horn* et lorsque celui-ci leva l'ancre, ces deux braves cœurs nous accompagnèrent quelques milles dans la baleinière jusqu'à ce que, le vent emplissant les voiles du navire, ils furent contraints de s'en retourner à terre.

Trois jours après, nous faisions escale à Coquimbo, où nous restâmes une bonne semaine en compagnie d'un superbe croiseur des États-Unis.

Cette ville, avec son petit port, est un séjour enchanteur ; sa population est de 30,000 habitants ; elle est le chef-lieu d'une province. Un chemin de fer, de quatre lieues de parcours, relie Coquimbo à La Séréna. Cette dernière est au Chili ce que Nice est à la France : un paradis terrestre, le séjour des heureux, où tout n'est que fleurs et parfums. De la rade de Coquimbo, on distingue les magnifiques villas qui s'étagent sur le bord de la mer, une mer aussi bleue que notre Méditerranée et dont le ciel est de même, et dont la terre, par sa constante floraison, jouit d'un printemps éternel.

Coquimbo est, en outre, un grand centre de commerce, il y existe d'importantes fonderies de cuivre, et quantité de navires y prennent des charges pour Liverpool.

Les navires de guerre de toute nationalité y font escale pendant dix ou quinze jours environ; pendant ce temps, l'équipage, officiers en tête, organise à bord de splendides fêtes, le plus souvent des bals, où sont invitées les jeunes filles de l'aristocratie de Coquimbo, et surtout de La Séréna, dont chaque demeure appartient à un millionnaire. Ces fortunes trouvent leur explication dans les progrès immenses et rapides de l'agriculture, du commerce et de l'industrie au Chili.

Il faut dire également que ce pays a été largement favorisé par son admirable climat, et par les richesses minières de son sol. Aussi le Chilien enrichi déploie-t-il un luxe inouï en toutes choses.

Le *Cap-Horn* était mouillé à quelques brasses du superbe croiseur américain, dont je viens de parler.

Une nuit, particulièrement, l'orchestre avait fait rage, je n'avais pu fermer l'œil. Je ne le regrettais pas de trop, en somme, les accords d'un orchestre en plein Océan sont toujours majestueux et imposants.

A 4 heures du matin, comme l'aurore commençait à blanchir l'horizon, je me levai silencieu-

sement, avant que le matelot de quart ne sonnât le
branle-bas, et vint m'allonger sur le gaillard, tout
en fumant quantité de cigarettes. La ville était
encore plongée dans le sommeil, je respirais à
pleins poumons l'air pur de cette belle et tiède
matinée.

Au large, bien loin dans l'horizon, on distinguait
comme une ombre, un nuage, la silhouette de cette
grande chaîne de montagnes qu'on appelle les Cordillères, les montagnes peut-être les plus élevées du
globe, auxquelles, à cette heure matinale, la pelle et
la pioche du mineur arrachaient déjà une parcelle
des immenses richesses recélées dans leurs flancs.

A droite, l'Océan, l'Océan immense, infini, parais-
sant se confondre avec les nuages.

Le croiseur américain resplendissait encore de
lumières, mais l'orchestre exécutait ses dernières
danses.

Les belles Chiliennes s'apprêtaient à regagner la
terre. Les officiers, en tenue de gala, tout chamarrés
d'or, s'empressaient autour des jeunes filles et les
précédaient sur l'échelle de commandement, dont
les marches étaient recouvertes de soyeux tapis. Là,
les officiers descendaient l'échelle à reculons, appor-
tant, avec courtoisie, un soin attentif à ce que tous
ces petits pieds chaussés de satin blanc ne rencon-
trassent pas le vide. De l'échelle, les jeunes filles
passaient dans la baleinière qui devait les reconduire à terre.

C'était un dimanche, à 8 heures, comme nous
finissions le lavage du pont, le croiseur américain
arborait son beau pavillon étoilé.

Quelques secondes après, le *Cap-Horn* arborait également le sien, c'est-à-dire *le nôtre*, le superbe pavillon tricolore, ces trois couleurs que nous aimons tant.

Comme ces deux navires étaient les seuls dans la rade, je fus vivement frappé du hasard qui réunissait à côté l'un de l'autre ces deux pavillons.

En effet, ne représentaient-ils pas deux grands peuples, qui avaient fraternisé et versé leur sang pour la conquête de l'indépendance? Ne portaient-ils pas dans leurs plis ondulés, écrits en lettres d'or, de feu et de sang, les noms de Rochambeau, de La Fayette et de Washington!

Ah! ce drapeau, auquel dans notre pays nous ne faisons que si peu de cas, quel symbole il devient hors de France, de quels battements de cœur n'est-il pas la cause!

Après avoir embarqué quelques tonnes de saumons de cuivre, le navire cingla vers Iquique, où nous avions différentes marchandises à débarquer.

Je ne tardai pas à regretter de m'être embarqué à bord du *Cap-Horn*, car tous les jours son équipage se trouvait en complet état d'ivresse, ce qui amenait fréquemment des scènes de pugilat, se terminant presque toujours à coups de couteau.

Je me demandais par quels moyens et avec quoi ces hommes pouvaient s'enivrer ainsi, puisque la cambuse était fermée et qu'il était impossible d'y pénétrer.

Tous les jours, après le lavage du pont, je voyais entre les mains de chacun d'eux un litre de fine

champagne, où ils buvaient à même, et qu'ils reca-
chaient ensuite dans leurs couchettes.

Mais, un jour, je finis par m'apercevoir qu'ils
avaient défoncé une cloison communiquant dans la
cale où étaient les marchandises : des vins fins et
des caisses de fine champagne contenant douze litres. Ils s'emparaient de ces bouteilles et, une fois
vides, les lançaient par-dessus bord, où se les je-
taient à la tête, comme dans la première querelle
dont je fus témoin, entre un Marseillais et un Bre-
ton, unique témoin, dois-je dire, car tous les autres
matelots étaient... ivre-morts... Ils ne faisaient en
cela, du reste, que suivre l'exemple du capitaine.

Enfin, nous arrivâmes à Iquique. Chaque matin,
le capitaine, accompagné du maître-coq, allait à
terre pour se rendre au marché, acheter les vivres
nécessaires pour le bord. Quand il revenait, il était
toujours un peu ivre, et n'avait rien de plus pressé,
une fois à bord, que de s'enfermer dans sa cabine et
de continuer à boire. Une semaine se passa ainsi,
chaque jour amenant avec lui sa querelle.

Nous devions nous rendre à quatre lieues plus
loin, un petit endroit de la côte sans port ni maison,
où s'élevait seul un immense hangar en charpente,
couvert de grandes feuilles de tôle galvanisée, destinées à préserver de la poussière et des rayons brû-
lants du soleil les marchandises qu'on y déposait,
surtout quantité de sacs de salpêtre qu'y apportent
d'interminables caravanes de mules, qu'on voit descendre par mille sentiers rapides le long des flancs
de la montagne.

Ces caravanes viennent de très loin et sont conduites par quelques hommes seulement. Si, au cours du voyage, une de ces nobles bêtes vient à succomber (toujours par la soif), on lui enlève sa charge, que l'on dissimule derrière un fourré ou une roche pour pouvoir la retrouver au retour, et, sans attendre que la pauvre bête ait rendu le dernier soupir, on la fait rouler au bas de la pente rapide, afin de laisser libre le passage à d'autres caravanes.

D'énormes oiseaux de proie, les *gallinazos*, de la grosseur d'un vautour, et qui par le fait ne sont que d'énormes corbeaux, pullulent dans ces régions. Il est formellement interdit de les détruire, car ce sont de merveilleux agents d'assainissement, débarrassant rapidement le pays des charognes et immondices qui, sans eux, en se corrompant, infecteraient l'air et deviendraient de terribles foyers d'épidémies. Les corps humains, dans les endroits sans cimetière, sont également dévorés par ces répugnants oiseaux.

Lors donc qu'une mule a été précipitée dans un ravin, les voraces gallinazos s'abattent en troupe sur la pauvre bête pantelante et ont vite fait de mettre à nu sa pauvre carcasse. Détail horrible : les premiers coups de bec qu'ils donnent sont toujours portés aux yeux.

Un matin, le capitaine ordonna à un matelot de prendre le canot et le filet de pêche, puis d'aller jeter ce dernier dans les écueils proches du bord. Quelques minutes après, notre homme réclamait à grand bruit du renfort pour lever son filet, qu'il supposait engagé dans les roches sous-marines. A ce moment, le filet se trouvait secoué de si violente façon qu'on craignait sérieusement que le canot ne chavirât. Aussi mit-on rapidement à la mer la baleinière, armée de quatre hommes, et c'est à grand'peine que les cinq hommes parvinrent à monter le filet jusqu'à la surface de l'eau.

Réunis sur le gaillard, nous ne perdons pas un de leurs mouvements, anxieux de connaître le contenu du filet.

On commença à distinguer une énorme masse, grise, informe, sans mouvement.

Est-ce une pieuvre ? On ne sait que penser. Et chacun de donner un pronostic.

Enfin, l'on reconnaît une raie, mais une raie gigantesque, du poids et de la grosseur d'un bœuf. Impossible de songer à hisser une pareille masse dans le canot. Le filet est traîné à la remorque, par les deux embarcations, jusqu'au flanc du navire. Au moyen du mât de charge, auquel est frappé un gros palan, on lui passe un autre filet servant à charger le charbon ou le salpêtre à bord. Tout l'équipage hâle sur le palan, et l'on parvient enfin à sortir complètement de l'eau et à ramener le monstre sur le grand panneau du pont qu'il recouvre entièrement et déborde même sensiblement, quoique celui-ci mesure quatre mètres carrés.

Le maître-coq se mit en devoir de découper cette gigantesque raie, dont l'épaisseur était de soixante-cinq centimètres ; il en fit des morceaux de la taille d'une cuisse de bœuf, que l'on suspendit dans les enflèchures et un peu partout. Pendant une semaine, la nourriture des quatorze hommes de l'équipage se composa invariablement de raie. Le dégoût vint vite, et nous nous débarrassâmes du restant en le jetant à la mer, à la grande satisfaction des innombrables bandes de phoques qui nous entouraient et qui se précipitèrent sur cette aubaine inattendue en poussant des cris rauques.

CHAPITRE IX

Seconde désertion. — Une poursuite mouvementée

Nous attendions une arrivée suffisante de salpêtre pour compléter notre frêt. Notre navire jaugeant douze cents tonnes, et n'étant chargé, à l'arrière de la cale, que de quatre cents tonnes de saumons de cuivre pris à Coquimbo.

Chaque jour amenait une nouvelle rixe entre les matelots. Le bruit courait qu'à notre arrivée en France, le capitaine ferait comparaître l'équipage devant les tribunaux maritimes, car on s'était aperçu à Iquique qu'il manquait quinze caisses de fine champagne d'un grand prix ; de plus, des barils de vin avaient été perforés.

Tout cela ne me faisait pas précisément envisager l'avenir sous de bien riantes couleurs.

Pour retourner en France, il fallait trois grands mois de mer. Qu'allait-il advenir en route ? Plusieurs matelots devaient avoir encore des litres de cognac cachés dans quelques coins du navire, et cela n'avait

rien de bien rassurant. A quelles graves extrémités,
en effet, pouvaient être amenés des gens sous l'influence d'une ivresse continuelle?

Je commençais à réfléchir à cette misérable manière de vivre. Je m'en ouvris au maître-coq avec
qui j'étais assez intime. Il n'en fut point surpris et
se contenta de me dire : « Si j'avais votre métier, il
y a longtemps que je serais débarqué. »

Après m'avoir recommandé une discrétion absolue, il me promit de faire tout ce qui lui serait possible pour me venir en aide.

Pour recevoir le salpêtre à bord, il fallait nettoyer
la cale, établir au-dessus de la carlingue, énorme
pièce de bois qui recouvre la quille, une espèce de
plancher en bois surélevé d'un mètre, pour éviter le
contact du salpêtre avec l'eau de la cale et donner
libre passage au tuyau de la pompe. Ceci s'appelle
établir les greniers.

Certaine après-midi, le capitaine me donna l'ordre
de descendre dans la cale pour préparer les bois nécessaires et me prévint que, dès cet ordre exécuté,
tout l'équipage viendrait me rejoindre pour procéder
à l'établissement des greniers.

Une heure après, nous étions tous à fond de cale,
y compris le second et le maître d'équipage.

Le maître-coq m'avait bien recommandé d'attendre, pour quitter le bord, le moment où le capitaine
descendrait pour inspecter le travail exécuté dans la
cale.

Il était convenu que quand le capitaine serait des-
cendu, sans que je m'en aperçoive, le coq viendrait
sur le bord d' grand panneau, qu'il se pencherait

sur l'hiloire, et ferait semblant de nous regarder, tout en toussant fortement pour annoncer qu'il n'y avait plus personne sur le pont et que je pouvais monter par les épontilles, ce que je me hâtai de faire dès que j'eus entendu le bienheureux signal.

Dès que j'eus le pied sur le pont, je me dirigeai hâtivement à l'arrière du navire. Je tremblais à l'idée d'une brusque réapparition du capitaine. Je défis la double amarre du canot, et l'amenai prestement au pied de l'échelle.

Je tendis une main fébrile au maître-coq, qui rentra immédiatement dans sa cuisine, après avoir eu le soin de fermer les deux portes du roufle, ceci afin de n'être pas accusé de m'avoir aidé dans ma fuite.

Aussitôt dans le canot, je poussai au large et me mis à ramer fiévreusement, talonné par la crainte du retour du capitaine, brutal alcoolique absolument capable de me tuer s'il m'avait surpris dans l'accomplissement de ma tentative.

Dans ma précipitation à gagner la terre, je ne sus pas éviter un écueil contre lequel le canot heurta violemment et que je dus contourner pour reprendre la direction de la rive, d'où une perte de quelques minutes qui me parurent des siècles.

J'étais en nage et n'étais pas à plus de cinq cents mètres du navire, lorsque j'entendis un branle-bas épouvantable à bord. Le capitaine, ayant fait monter quatre matelots, leur ordonna de mettre la baleinière à la mer, puis, je le vis se diriger vers sa cabine, et, revenant vers l'arrière, me coucher en joue avec son fusil, en me criant : « Arrêtez, charpentier, ou je fais feu ! »

Je n'avais plus que quelques coups d'avirons à
donner pour atterrir : « Si je suis tué, tant pis ! »
me dis-je, et je redoublai d'efforts. Pour éviter d'être
entraîné par le jusant, je donnai un vigoureux coup
d'aviron pour faire échouer le canot sur le sable. À
ce moment, deux coups de fusil partirent du bord,
et un double sifflement, tout près de moi, m'avertit
que je venais de l'échapper belle.

Je n'avais d'ailleurs nul besoin de cet avertisse-
ment pour précipiter mes mouvements ; avant que
j'eusse mis pied à terre, le capitaine était dans la baleinière et me criait, pendant que les matelots faisaient force de rames dans ma direction :

— Arrêtez, charpentier, revenez à bord, je ne vous
ferai rien.

Je sautai vivement à terre, repoussant du pied le
canot vers le large, espérant bien prendre quelque
avance pendant que les hommes de la baleinière
chercheraient à le reprendre pour éviter sa perdition
sur les écueils.

Hélas ! je n'étais pas encore au bout de mes
peines.

Cette terre, que j'avais cru être le salut, menaçait
d'être cause de ma perte ; au lieu d'un sol ferme, où
aiguillonné par la peur comme je l'étais, mes jambes
auraient dû faire merveille, j'étais dans le sable
mouvant, où mes pieds s'enfonçaient jusqu'au-dessus des chevilles. J'eus un moment de réel désespoir,
je me crus perdu. Mais cette défaillance fut de courte
durée. Bien vite, je me rassurai en songeant que la
difficulté que j'avais à vaincre allait également s'im-
poser à ceux qui me poursuivaient, et je me remis à

patauger avec une nouvelle ardeur ; il m'était pourtant impossible de courir, si bien que quand la baleinière arriva à terre, j'avais à peine une avance d'environ cinq cents mètres. Le capitaine eut vite fait de se rendre compte du peu de chances de succès qu'offrait une poursuite sur un tel terrain, et il se borna à me crier à nouveau de m'arrêter, ce qui eut pour résultat immédiat de me faire accélérer mon allure dans la mesure du possible. Voyant le peu de cas que je faisais de ses sommations, il déchargea, dépité, dans ma direction, les six coups de son revolver, manifestation quelque peu ridicule et des plus platoniques, étant données l'arme et la distance qui nous séparait.

J'eus enfin la joie de voir les matelots et le capitaine, renoncer à la poursuite, et retourner à bord du *Cap-Horn.*

Harassé de fatigue, trempé de sueur, je parvins pourtant à sortir du sable mouvant et à gagner une de ces énormes dunes si fréquentes dans ces parages. J'étais torturé par une soif ardente que je n'avais aucun moyen de satisfaire, et j'avais quatre lieues à faire sur ces rives désertes, sous un ciel de feu dont la réverbération sur le sable me brûlait les paupières.

Où allais-je ? à Iquique.

Qu'y ferais-je ? je l'ignorais, mais j'avais confiance en ma bonne volonté à faire n'importe quel travail. L'essentiel, c'était d'être sorti de ce bagne, véritable repaire d'ivrognes.

CHAPITRE X

Iquique. — Mules et gallinazos. — Un bon
compatriote. — Charpentier, garçon de café,
domestique de grande maison.

Je mis sept heures à accomplir cette terrible marche et ce fut avec un profond soupir de soulage-
ment que je saluai la vue des premières cases de
bambou, annonçant l'approche d'un faubourg de la
ville, cabanes construites pêle-mêle sans aucune
espèce d'ordre, au milieu d'une vaste plaine de sable parsemée de squelettes de mules que d'affreux
« gallinazos » achevaient de dépecer.

Je m'avançai vers la première case et soulevai le
rideau en jonc, porte rustique empêchant les innombrables et dangereuses mouches de pénétrer dans
l'intérieur.

Un Indien était assis, occupé à fabriquer des nattes
de jonc. Quoique un peu surpris à ma vue, il ne se
dérangea pourtant pas. Je m'ingéniai à lui faire
comprendre par signes que je désirais boire et j'eus
la satisfaction de voir qu'il m'avait compris, car il

se leva aussitôt et il découvrit une grande urne de grès dans laquelle il plongea la main pour en sortir une moitié de noix de coco, pleine d'eau qu'il me présenta. Je bus avidement; la noix, qui pouvait tenir un demi-litre, fut vidée en un clin d'œil, une seconde ration fut absorbée de même.

Toujours par gestes, je le remerciai sincèrement. Il me répondit par ces deux mots : « Aïa ! Aïa ! »

Prenant la direction de la ville, je me mis à errer dans les rues les moins fréquentées pour dissimuler ma présence. J'étais nu-tête, en bras de chemise ; et, certes je devais inspirer de la méfiance. La nuit commençait à venir et cette extrémité du faubourg étant assez mal éclairée par les becs de gaz trop distancés, j'avais de la sorte plus de chance de ne pas être remarqué.

De l'épaisse poussière de la rue s'élevait une chaleur intense et une odeur fétide. Des carcasses de chiens, de chats gisaient au milieu de la chaussée, attendant, pour le lendemain au petit jour, la venue des zélés « gallinazos ».

Harassé de fatigue, je cherchais un endroit favorable pour me cacher et me reposer la nuit, quand tout à coup mon attention fut attirée par les accents d'un accordéon et des piétinements qui m'annoncèrent que, là tout près, on se livrait aux délices de la gigue anglaise.

Machinalement, je me dirigeai vers l'endroit d'où partaient ces bruits.

C'était un *boarding house* pour les marins anglais.

Ces établissements, exclusivement réservés à la

marine marchande, sont des restaurants-hôtels où les marins qui débarquent apportent leurs sacs et leurs coffres en attendant un autre embarquement.

Des marins, débarqués le matin même, fumaient les uns d'énormes cigares, d'autres la pipe ; presque tous étaient ivres et dansaient frénétiquement la gigue autour de tables couvertes d'assiettes et de bouteilles de genièvre.

Me faufilant derrière les danseurs, je réussis à gagner sans être aperçu, le fond de la salle et je m'allongeai sur un banc, derrière l'une des tables vides.

Je commençais déjà à m'assoupir, quand un gros chien, passant sous la table, se mit à gronder d'une façon insolite qui attira vers ma cachette l'attention de l'hôtelier. Il vint vers moi, me fit lever et me questionna en anglais. Ne connaissant que quelques mots de cette langue, j'eus beaucoup de mal à lui faire comprendre que j'avais déserté mon navire.

Pendant notre colloque, quelques matelots s'étaient approchés de nous et m'offrirent une bouteille de genièvre, au goulot de laquelle j'appliquai avidement mes lèvres et dont j'ingurgitai une ample rasade.

Devinant que je devais avoir faim, le patron me fit asseoir à une table, et, pendant que la danse continuait de plus belle, il me servit à manger.

Quelques instants plus tard, il m'apporta un vieux paletot et une casquette de matelot. J'étais si confus de tant de bonté que je ne savais comment le remercier. Il coupa court à mes effusions et me conduisit vers un bon lit où je pus prendre un repos bien mérité après une si pénible journée.

Le lendemain matin, le patron me fit servir une grande tasse de café noir, du pain à discrétion et un bon verre de genièvre; puis il me conduisit sur le seuil de la porte et m'indiqua une vaste grange servant de magasin à salpêtre. — Ce dépôt, me dit-il, est gardé par un Français.

Au moment où j'allais traverser la rue, j'entendis crier de toutes parts :

— *Cuida señor ! cuida señor !* Attention, monsieur).

Avant que j'eusse pu deviner ce qui se passait, je fus vivement saisi par le bras et ramené dans l'hôtel par le patron qui s'empressa de fermer la porte et me fit signe de regarder dans la rue.

Je vis un tourbillon de poussière, compact, roulant comme une avalanche, lequel obstruant la lumière du jour, répandait une mi-obscurité dans la salle, en même temps que de la rue montait un roulement continu, semblable à celui produit par la charge à fond de train de quelque formidable cavalerie.

Je demeurais comme hébété, regardant toujours par le carreau et n'arrivant pas à me rendre compte du phénomène qui se déroulait devant mes yeux.

Pourtant, à la fin, car cela dura assez longtemps, je finis par entrevoir l'ombre d'une mule qui, en courant, passa si près de la porte que je reculai, et le mystère s'éclaircit.

Je compris que c'était une caravane de mules chargées de salpêtre et qui, au sortir des étroits sentiers des montagnes se formant en troupe compacte, sur un front de six à huit mules selon la largeur de la voie, se rendait à une vitesse accélérée, vers un dépôt de salpêtre.

Dans ces parages, où la pluie est presque totalement inconnue, il y a sur les routes et dans certaines rues du faubourg de la ville jusqu'à vingt centimètres de poussière brûlante. Sitôt qu'on aperçoit un tourbillon, il est urgent de se garer, c'est l'écrasement infaillible; la moindre de ces caravanes ne compte pas moins de deux cents mules, chargées chacune de deux sacs de salpêtre pesant en moyenne 50 et quelques kilogrammes.

Le parcours de la mine au port est parfois de dix à quinze jours, et la nuit, quand les mules se reposent, elles gardent leur charge sur le dos. Quelque chose qui me surprit énormément, c'est que quatre hommes seulement suffisent pour conduire d'aussi grandes caravanes.

Quelques minutes après le passage de la caravane, je sortis et je constatai qu'elle avait dû suivre le même chemin que je devais prendre, car partout d'épais nuages de poussière s'élevaient jusqu'à de grandes hauteurs.

J'arrivai bientôt au hangar que l'on m'avait désigné, reconnaissable à sa dimension et sa haute toiture. La caravane y était, et des hommes commençaient à la décharger.

Je me dirigeais vers l'intérieur du dépôt pour chercher le gardien dont on m'avait parlé, quand je m'entendis interpeller en bon français : « Qui voulez-vous, monsieur ? » Celui que je cherchais m'avait aperçu, et, à ma figure, avait deviné ma nationalité. Je me retournai vivement, lui souhaita le bonjour en me découvrant, et, après lui avoir expliqué dans quelle pénible situation je me trouvais, lui demandai s'il lui était possible de me procurer du travail. Quand j'eus fini de parler il me dit : « Je loge et occupe ici un jeune homme qui était également matelot à bord du *Colbert*, je l'emploie à décharger les mules. »

Je renonce à dépeindre la surprise que me causa cette nouvelle : un matelot du *Colbert* qui pouvait bien être celui-là ? « Tenez, me dit le gardien, le voici qui passe avec un sac de salpêtre. »

Je jetai les yeux sur l'homme indiqué, et demeurai stupéfait ; c'était le grand novice, à la bouche démesurément fendue, celui qui nous avait tant fait rire au baptême de la Ligne. Il me reconnut tout de suite, et se débarrassant prestement de son sac, accourut vers moi joyeusement.

Nous nous embrassâmes sincèrement, et, me tenant toujours par la main, il me demanda ce que je faisais à Iquique. Je lui racontai mon aventure sans lui cacher que le *Cap-Horn* était encore en chargement au Maceille.

— Bien, me dit-il, cela va s'arranger tout seul, à condition toutefois que vous ne bougiez pas d'ici. Le capitaine va se rendre aujourd'hui même au moyen de sa baleinière, chez le consul français à Iquique ; celui-ci va vous faire rechercher par la police, dans le but de vous faire reconduire à bord. Votre signalement va être transmis à tous les agents et si vous circuliez par les rues de la ville, il vous serait difficile d'échapper à leur vigilance, alléchés qu'ils sont par la prime de cinquante francs qui leur est allouée chez le consul, quand ils prennent un matelot dans votre cas. Ici, vous n'avez rien à craindre, aucun agent ne pouvant vous arrêter dans une demeure privée. Le navire parti, ils n'ont plus aucun droit sur vous, non plus que le consul, et vous recouvrez votre pleine et entière liberté. Vous coucherez avec moi sur la paille de maïs, car ici il n'y a pas de lit, on s'enveloppe avec un drap ou une couverture et voilà la couche que les pauvres possèdent.

Je fus touché jusqu'aux larmes des bons procédés de ce brave garçon que, jusqu'alors — et combien je le regrette maintenant — j'avais un peu considéré comme un bouffon; sous une apparence un peu naïve, il cachait un cœur d'or.

Inutile de dire que je suivis ses instructions à la lettre. Il me raconta par suite de quelle circonstance il se trouvait à Iquique.

— En butte aux brutalités du capitaine, du second et de tout l'équipage, me dit-il, je résolus de déserter, et, un beau matin, je quittai le *Colbert*, caché dans un des chalands qui transportait des marchandises à terre. Je restai huit jours dans les montagnes de Valparaiso, attendant le départ du navire. Je fus secouru par de braves gens qui, tout en ne comprenant pas un mot de mon langage, me donnèrent cependant à manger et me firent coucher sur la paille de maïs. Quand le *Colbert* fut parti, je pris un engagement sur un paquebot chilien. Je touchai un mois d'avance et je m'empressai d'en donner la moitié aux braves gens qui m'avaient secouru; ils ne ne voulurent pas accepter, mais je laissai l'argent sur la table.

« Sur ce navire, je me crus en paradis, surtout en comparant l'existence qui m'y était faite à celle qui avait été mon triste lot sur le *Colbert*. Sur les navires étrangers, tous les matelots s'aiment, personne ne cherche à se faire des misères comme sur les bâtiments français, où le plus fort et le plus brutal se déclare chef du plat.

« Le paquebot où je me trouvais faisant un séjour assez prolongé à Iquique, occasionné par d'assez grosses avaries, je demandai à débarquer.

« Depuis lors, je n'ai point quitté d'ici et n'ai point lieu de m'en plaindre, puisque je suis payé à raison de deux piastres par jour.

« Tant qu'à vous, charpentier, la compagnie anglaise qui m'emploie a besoin de faire réparer ses chalands ; partout elle cherche des charpentiers de navires et elle n'en trouve pas ; vous arrivez à merveille. ».

Effectivement, je fus aussitôt embauché. Je passai une semaine à faire les petites réparations de calfatage aux quatre chalands, travaux pour lesquels il me fallait être tout le jour dans l'eau jusqu'à la ceinture. Les Anglais, dans n'importe quel pays du monde, payent toujours largement ; aussi, gagnai-je dans ma semaine trente piastres, soit cent cinquante francs.

Le *Cap-Horn* ayant enfin fait voile, je me risquai dans la ville, laquelle, soit dit entre parenthèses, n'offre rien de particulièrement intéressant.

Ma première visite fut pour le patron du *boarding house* qui m'avait si généreusement tiré d'embarras à mon arrivée à Iquique. J'insistai pour le payer et je ne le quittai qu'après l'avoir chaudement remercié du grand service qu'il m'avait rendu.

Quelques jours plus tard, je me trouvais, en compagnie du novice, dans l'un des grands cafés de la ville; il y avait déjà plusieurs fois que nous y allions et le patron de l'établissement, un Français, venait toujours se mettre à notre table pour entamer la conversation sur la France et avoir à la fois le bonheur de parler français avec des compatriotes.

Ce jour-là, il me proposa d'entrer à son service en qualité de garçon de café.

La place était assez lucrative, mais, cependant, ne me souriait qu'à moitié. Le novice combattit mon hésitation et m'engagea vivement à accepter.

Un charpentier de navire, devenant garçon de café, c'était plus qu'étrange! Ma conversation avait plu au maître de l'établissement. Et le novice, en homme intelligent, ne cessait de me répéter:

— Que vous importe, charpentier, vous plaisez à cet homme; déjà la dernière fois que nous sommes venus, je voyais qu'il tournait autour de vous. Tous ces Français qui ont un commerce dans des pays lointains ne trouvent pas toujours des hommes convenables pour leurs maisons. Acceptez donc, vous gagnerez plus d'argent ici qu'à travailler le bois; c'est le plus riche café de la ville.

Le désir d'être à même d'étudier les mœurs et coutumes du pays me fit accepter la proposition.

Je finis donc par me laisser convaincre, et le lendemain à midi, revêtu du petit veston noir laissant en évidence un plastron éblouissant de blancheur, je ceignais le classique tablier blanc et, les cheveux

bien peignés, je prenais mon service au grand café
du Commerce, où j'eus tout de suite l'heur de plaire
aux clients et, conséquence qui n'avait rien de déplai-
sant, de recevoir de nombreux pourboires, s'élevant
parfois jusqu'à cinq piastres par jour.

Tous les soirs, venait s'attabler dans le café un
monsieur des plus distingués et qu'à la couleur de
son visage, on reconnaissait de suite pour être né
sous l'Equateur.

Il me donnait chaque fois une demi-piastre de
pourboire. A plusieurs reprises, il me proposa
d'entrer à son service, et, par la même occasion, d'apprendre la langue française à ses petits
enfants.

— Votre langage me plaît beaucoup, et, si vous
acceptez, je vous donnerai quarante piastres par
mois, nourri, habillé et logé.

J'hésitais à quitter le patron où j'étais, car c'était
un charmant homme. J'en parlai au novice, qui me
conseilla d'accepter.

— Je veux bien, lui dis-je, mais à la condition que
vous preniez ma place, car je ne veux pas laisser
mon patron en panne.

L'affaire s'arrangea pour le mieux, le patron fit
cependant la grimace, mais, comme c'était pour
rendre service à un de ses meilleurs clients, il accepta le novice qui, hélas ! dut résigner son emploi
au bout de huit jours, ne pouvant remplir ses nouvelles fonctions.

Ce monsieur n'était autre que le directeur de la
succursale de la banque du Pérou à Iquique, ville qui,
à cette époque, n'appartenait pas encore au Chili.

Je quittai le costume de garçon de café pour une livrée superbe : redingotte, culotte courte et bas noirs. Il m'était formellement recommandé de parler aux enfants en français et j'avoue qu'il m'aurait été difficile de faire autrement, ne sachant alors que ma langue maternelle.

La maîtresse de la maison était une jeune et jolie Péruvienne, de grande famille, qui ne se lassait pas de me questionner sur Paris. Ce qui la désespérait, c'était son accent en parlant le français et elle prétendait qu'elle aurait donné beaucoup pour le parler aussi facilement que moi.

Hélas! mon bonheur dura peu, grâce à la mésaventure suivante :

Un jour après déjeuner, la maîtresse de la maison, en sortant de table, me pria de lui apporter un digestif dans sa chambre à coucher. Quand la négresse qui se trouvait à l'office m'eut remis le plateau d'argent, la bouteille de Chartreuse et le petit verre de cristal, je m'en fus aux galeries du premier étage, où je m'aperçus que la porte de la chambre à coucher était entre-bâillée. J'oubliai de frapper. C'était la première fois que je commettais une pareille maladresse: certes, à ce moment-là, j'avais l'esprit ailleurs. Je poussai donc la porte du pied. Le directeur était avec sa dame. Il fut outré de mon manque d'usage, et se précipita vers la porte, me prenant par le bras et la refermant sur mon visage, en me disant: « Dans votre pays, cependant, avant d'ouvrir une porte on frappe pour avertir... »

J'étais tout confus, naturellement.

Une heure après, il me fit appeler dans son bureau, en me disant que j'avais agi sciemment, espérant ne pas le trouver, à ce moment-là, dans la pièce. Je cherchai en vain à le persuader de ma bonne foi; il ne voulut rien entendre. Devant une pareille affirmation, je fus contraint de lui dire que je quittais son service.

Ce fut sa dame qui me paya intégralement le mois entier en me disant que j'avais tort de partir pour une chose si futile.

Je racontai mon aventure au novice qui se mit à en rire, à sa manière, c'est-à-dire en ouvrant une bouche grande comme un four, ce qui avait le don de me mettre moi-même en gaieté. Nous avions un peu d'argent devant nous. Nous fîmes nos adieux à tous nos amis, et nous nous embarquâmes sur un steamer chilien pour nous rendre à la première escale, Arica.

CHAPITRE XI

La Terciana. — Au Callao. — Les coolies

Jugez de notre joie en arrivant, le soir, à Arica,
trouver quantité d'ouvriers français occupés à mo
ter une église en fer. Comme la journée était sur
point d'être achevée, nos compatriotes eurent l'am
bilité de nous conduire à leur hôtel, où nous no
assîmes tous autour de la même table. Ce fut u
soirée des plus agréables où il fut beaucoup questic
de la France.

Je travaillai pendant quelques jours à cette églis
le novice me prêtait la main, mais la réverbératio
du soleil sur le fer qui, à huit heures du mati
était déjà brûlant au point de ne pouvoir le prend
avec la main, me do   violents maux de tête
suivis d'une fièvre arde...   ...ui me rendit impossib
toute espèce d'occupation.

Mes compagnons de travail me conseillèrent d
me rendre à Tacna, où existait un hôpital français
dirigé par les sœurs de Saint-Vincent-de-Paul.

Tacna, ville d'environ 30.000 habitants, au milie

d'un oasis de verdure, est à douze lieues du port d'Arica, auquel la relie un chemin de fer qui traverse une vaste plaine aride, véritable désert de sable brûlant.

Accompagné du novice, qui se refusa formellement à m'abandonner, le lendemain je pris donc le train pour Tacna. Je me présentai à l'hôpital, et fus admis immédiatement : j'avais la *calentura tterciana* (fièvre tierce), maladie qui fait beaucoup de ravages dans ces contrées.

Je restai huit jours dans cet hôpital, au milieu d'Indiens de toute couleur, dont quelques-uns moururent à côté de mon lit, ce qui n'était pas fait pour relever mon pauvre moral affecté. La plupart des médecins étant des créoles ayant fait leurs études à Montpellier, ma qualité de Français me valut toutes les douceurs compatibles avec mon état. Enfin, grâce aux soins attentifs dont j'étais l'objet et à l'absorption quotidienne de fortes doses de quinine, je parvins à sortir d'une situation que j'avais cru un moment désespérée.

Je garde un souvenir impérissable des égards que me prodiguèrent les médecins et surtout les sœurs.

Le novice venait me voir tous les jours. Il m'expliqua qu'il n'y avait aucun espoir de gagner sa vie à Tacna, et qu'à ma sortie de l'hôpital, il faudrait nous diriger sur le Callao.

Cela n'entrait pas du tout dans mes vues. J'avais en effet le plus vif désir d'aller à Sucre, capitale de la Bolivie. Par une route praticable, on y pouvait parvenir, à dos de mule, en une semaine.

Après force discussions, ce brave camarade par-

vint à me faire comprendre que, dans l'état de
blesse où j'étais, c'était m'exposer à une rech
certaine que d'entreprendre un pareil voyage,
une route poudreuse et par une chaleur torride.
plus, nous ne pourrions nous soustraire à l'obli
tion de passer plusieurs nuits dehors, la majet
partie de la route étant totalement dépourvue d'
bitations.

Je finis par me laisser convaincre, et, à ma sort
après mes remerciements les plus chaleureux
personnel de l'hôpital, nous reprenions la rou
d'Arica.

De là, après avoir fait nos adieux aux Franç
qui travaillaient à l'église, nous prîmes passage
bord d'un bateau qui, après trois jours d'un voya
sans accident, nous déposa au Callao.

Le Callao est une ville étrange, malpropre, m
pavée. Détruite plusieurs fois par des tremblemen
de terre, elle a été reconstruite un peu au petit bo
heur, ce qui en fait un véritable fouillis. Le nomb
de ses habitants s'élève à environ 35.000. C'est l
principal port du Pérou; il s'y fait un chiffre d'a
faires considérable.

Dans ces contrées, la pluie est presque totalemen
inconnue; en revanche, le matin, jusqu'à 8 heures
principalement sur les bords de la mer, règne un
épais brouillard, d'où le dicton des matelots européens : « *Brouillard de Callao, qui vous traverse*
la peau. »

Le Péruvien est naturellement indolent et pares-
seux; aussi, pour tous les travaux un peu pénibles,
a-t-on recours aux Européens et surtout aux Chinois.

uis le décret de 1854 qui a affranchi les nègres,
st devenu presque impossible d'obtenir d'eux
moindre travail. C'est au Callao que se tient
grand marché aux coolies (1). Des navires à
les se rendent dans différents ports de la Chine;
sont montés par des hommes qui connaissent ces
itrées, qui se dirigent vers les agglomérations où,
te de débouchés, la main-d'œuvre est à un prix
isoire, à peine quarante centimes par jour, et où,
nséquemment, la misère est grande.
Là, au moyen de belles promesses, on recrute le
us possible de Chinois. Ils signent un engagement
sept ans, et reçoivent alors une somme variant en-
80 et 100 piastres (400 à 500 francs) qu'ils serrent
ns une ceinture qu'ils portent constamment sur la
au.
Quand un navire en a embarqué près de 2.000, il
met à la voile pour le Callao. Pendant le voyage,
quipage étant peu nombreux, et une révolte étant
ujours à craindre, les malheureux engagés sont
assés à fond de cale, et, quel que soit le prétexte
voqué, il leur est rigoureusement interdit de mon-
r sur le pont, continuellement gardé par les mate-
ts armés. Ils ne reçoivent d'air que par les pan-
eaux du pont, qui restent ouverts jour et nuit.

---

(1) *Coolie*, (prononcez *couli*) de l'indoustani *kuli* (litté-
alement, laboureur), terme s'appliquant en général à
ette classe de travailleurs que nous appelons en France
hommes de peine », c'est-à-dire employés à n'importe
uelle besogne n'exigeant pas de connaissances spéciales.
u Pérou, les coolies sont, en réalité, des esclaves, et
'est ainsi qu'on les désigne le plus souvent.

Lorsque la mer est agitée, que les lames arriv
sur le pont, les panneaux sont fermés ; qu'on j
alors de l'infection qui se dégage d'une pareille r
nion d'êtres d'une propreté plus que douteuse et p
qués dans un espace aussi restreint.

Un planteur, un colon, un commerçant quelc
que a-t-il besoin d'hommes, il se rend à bord
transport dès son arrivée au Callao et choisit ce
qu'il juge apte aux travaux qu'il a à faire exécu
Chaque Chinois se paie 400 piastres, soit 2.0
francs, et est engagé, ou plutôt, pour être plus vr
il est esclave pour sept ans, pendant lesquels il
exclusivement au service de celui qui l'a ache
Tant que dure leur engagement, les coolies so
payés à raison d'un quart de piastre par jour (1 fr.
de notre monnaie) nourris et logés. Le reste le
incombe (cuisson et assaisonnement des aliment
vêtements, literie, tabac, opium, etc.)

Les mauvais traitements dont ils sont l'objet de
part de leurs maîtres temporaires font que bien pe
de ces malheureux arrivent jusqu'au terme de le
engagement ; le travail pénible qu'ils sont obligés
faire depuis l'aurore jusqu'au crépuscule les anéant
littéralement. Ceux qui ont la chance d'en récha
per sont alors rendus à la liberté et s'empressen
d'offrir leurs bras à un tel bon marché qu'il est bie
difficile de ne pas leur accorder la préférence.

Ce sont des hommes aux mœurs abjectes, d'un
moralité nulle. L'étude des vices auxquels ils son
enclins ferait la fortune d'un écrivain réaliste. Mais
à côté de cela, ils sont d'une docilité sans égale, tra
vailleurs acharnés et d'une patience que rien ne

se. Ils sont, de plus, d'une sobriété et d'une écono-
mie exemplaires : beaucoup arrivent même —
quoique cela paraisse invraisemblable, en raison des
maigres salaires qui leur sont attribués — à amasser
un petit pécule avec lequel ils entreprennent un petit
commerce. Comme pour le travail, tous les genres
leur sont bons ; ils ont cependant une prédilection
marquée pour l'épicerie.

C'est une chose curieuse à voir qu'une épicerie
chinoise, avec en montre, bien en vue, ses tonneaux
de poissons pourris qui leur viennent directement de
la Chine et dont ils sont très friands. Certes, c'est là
un mets qui a peu de chance de tenter un Européen;
pourtant, ne nous hâtons pas trop de manifester
notre répugnance. Ne perdons pas de vue le pro-
verbe qui dit que « des goûts et des couleurs, il ne
faut pas discuter », et n'oublions pas que, de son
côté, le Chinois a une horreur invincible pour nos
fromages en général, et en particulier pour les fromages dits *faits* ou réputés *avancés* qu'il appelle du
« lait pourri ». N'oublions pas non plus que dans
notre vieille Europe, certains gastronomes, aux pa-
lais prétendus « raffinés », font leurs délices de vian-
des qui pourraient accomplir seules le trajet du gar-
de-manger à la casserole.

Mais revenons à nos moutons, c'est-à-dire à nos
Chinois. Rien n'est plus curieux non plus que de les
voir manger leur riz, qui forme la base de leur ali-
mentation, à l'aide de deux petites baguettes de la
dimension d'un porte-plume, qu'ils manient, d'une
seule main, avec une dextérité remarquable, comme
nous le ferions d'une paire de pinces.

Au Pérou, il n'est pas rare de rencontrer des h
ciendas (1) possédant jusqu'à sept et huit cents co
lies chinois pour la culture de la canne à sucre et
fabrication du sucre et du rhum.

Un jour, à la suite d'une visite à des marins fra
çais en convalescence au riche hôpital du Callao,
novice et moi nous errions un peu à l'aventure
lorsque notre attention fut tout à coup sollicitée pa
des cris de joie et de bruyants éclats de rire, parais
sant partir de derrière l'hôpital. Nous nous dirigeon
de ce côté et nous nous trouvons subitement en fac
d'un singulier spectacle.

Au milieu d'une étroite et peu profonde rivière
alimentée par la fonte des neiges des Cordillères, une
troupe joyeuse d'hommes et de femmes, complète
ment nus, se livre aux délices du bain. Pêle-mêle,
sans distinction de sexe, tout ce monde s'ébat joyeu
sement, rit, crie et s'asperge à l'envie. Il y a là de
jeunes créoles, âgées tout au plus de quatorze ans,
dont les formes accomplies tenteraient le ciseau de
plus d'un sculpteur.

Après avoir consacré quelques journées à parcou
rir ce chaos invraisemblable qu'est la ville du Callao,
je décidai le novice à partir pour Lima, capitale du
Pérou. Lima, dont je dois l'avouer, je n'ai gardé qu'un
souvenir un peu vague, est une ville d'un peu plus de
cent mille habitants, fondée par Pizarre sur les ruines
de l'ancienne capitale des Incas, et située à dix kilo
mètres du Callao, auquel un chemin de fer la relie.

_____

(1) *Hacienda*, grande ferme ; mieux : plantation, colo-
nie agricole.

A peine sortis de la gare, un petit hôtel muni
d'une enseigne française, attire notre attention, et
nous avons tôt fait de jeter sur lui notre dévolu.

Cet hôtel à l'enseigne française est effectivement
tenu par deux de nos compatriotes qui, après nous
avoir accueillis chaleureusement, paraissaient tout
heureux de nous apprendre qu'ils sont chargés
d'envoyer tout ce qu'il pourront d'ouvriers français
à une grande *hacienda* en construction à Infantas,
à six lieues de Lima.

Nous séjournons deux jours chez ces braves gens,
et nous mettons ces deux jours à profit pour visiter
la ville, qui n'a rien de bien curieux, sauf la grande
plaza Major où l'on remarque une caserne et la
cathédrale.

Je disais tout à l'heure que ma mémoire ne gar-
dait qu'un souvenir un peu confus de Lima. Ce que
je n'ai pas oublié, par exemple, c'est le nombre pro-
digieux d'églises que, comme au Callao, on y rencontre; à remarquer aussi, à chaque coin de rue, un
gigantesque crucifix; chaque maison est ornée d'une
statuette de la Vierge. Une véritable armée de moines
sillonne les rues; c'est à croire qu'ils y en a plus
que d'habitants.

Nous promettant de revenir à Lima aussi souvent
que cela nous serait possible, nous prenons congé
de nos hôtes, que nous remercions chaleureusement,
et en route pour Infantas.

CHAPITRE XII

La hacienda d'Infantas. — Une procession à Lima.

A perte de vue, la voie qui nous conduit à Infantas est bordée d'immenses plaines de cannes à sucre, cultivées par de nombreuses bandes de Chinois que conduisent des surveillants montés sur des mules, et armés de revolvers pour réprimer toute tentative de révolte. Ces surveillants ont continuellement le fouet levé, et sous le plus futile prétexte, souvent même sans aucun prétexte, uniquement pour s'entretenir la main, font pleuvoir les coups dru comme grêle sur les malheureux coolies.

Du matin au soir, sous un soleil de feu, ces pauvres diables de Chinois sont astreints à un travail des plus pénibles: retourner la terre à la bêche ou établir des canalisations destinées à amener l'eau des petites rivières jusqu'au pied des cannes à sucre. Tout arrêt dans le travail, si court qu'il soit, est immédiatement châtié avec la dernière cruauté.

Ah! les malheureux qui p... vent sauver leur peau

de leurs sept années d'esclavage (leur nombre atteint
à peine un tiers) peuvent se vanter d'avoir l'âme solidement chevillée au corps !

Infantas ne se présente pas à nous sous un aspect
bien réjouissant. En fait de maisons, uniquement la
gare, minuscule bâtiment. C'est un peu maigre.

Nous jetons un sérieux coup d'œil investigateur,
et nous finissons par apercevoir à quelque distance
un grand chantier, mi-maçonnerie, mi-charpente qui
nous a tout l'air d'être ce que nous cherchons. Nous
portons nos pas de ce côté et nous croisons des
troupeaux de bœufs à l'allure sauvage que conduisent aux champs plusieurs Chinois qui nous ob-
servent curieusement.

Nous pénétrons dans le chantier ; tout de suite
nous avons la joie de voir des Européens, coiffés de
larges panamas. Ce sont, pour la plupart, des Français, ils nous accueillent avec de franches démons-
trations de bienvenue. Les premières effusions un
peu calmées et la connaissance faite, on nous conduit au directeur. C'est également un Français, venu
de la maison Cail, de Paris, avec tout le matériel de
mécanique et de charpente nécessaire à la création
d'une vaste hacienda. Il nous reçoit très bien et nous
embauche sur-le-champ.

L'heure du repos vient de sonner, et nos compatriotes nous emmènent dans une vaste salle servant
de réfectoire et garnie de nombreuses tables alignées
et chargées de couverts. C'est le réfectoire des blancs,
exclusivement réservé aux Européens et aux Péruviens, bien que ceux-ci soient d'un brun qui ne les
distingue que fort peu des hommes de couleur.

Mais si grand est l'orgueil des Péruviens qu'ils ne pourraient supporter même la pensée qu'on puisse les considérer autrement que comme des blancs, et leur mépris pour les hommes de couleur arrive à dépasser les limites du vraisemblable et de l'affectation.

Toujours est-il que défense la plus formelle est faite aux hommes de couleur de s'asseoir à la table d'un blanc. Une table spéciale leur est réservée, où ils mangent tant bien que mal, plutôt mal que bien.

La cuisine est faite par des Chinois, et ce sont également des Chinois, en tablier blanc, qui font le service des tables. On ne boit pas de vin. Les Chinois vont et viennent, remplissant les verres vides de thé ou de café, à la volonté du consommateur.

La journée finie, on nous désigne deux cases de bambous et de terre. Le novice, qui n'est pas charpentier, est mis en compagnie de péons (hommes de peine, *peones* en espagnol ; dans le pays on prononce *poins*). Quant à moi, je suis avec deux mécaniciens, le père et le fils, venus de Paris avec le directeur.

Cette riche hacienda possède un immense territoire et six cents Chinois répartis entre les différents services de culture, de construction et d'exploitation.

Le soir venu, tous les jaunes se réunissent en colonne serrée, et un majordome, muni d'une longue liste, procède à l'appel individuel. A l'appel de leur nom ils répondent : « Aïa ! Aïa ! » sortent des rangs et se rendent à leur quartier.

Ce quartier est entouré d'une grande muraille qui lui donne tout à fait l'aspect de nos prisons. Pour compléter cet aspect, à chacun des quatre coins de la muraille s'élève une tourelle servant de logement à un majordome.

Sur la plate-forme de cette tourelle est un canon chargé de mitraille, braqué sur le centre de l'enceinte, dans le but de réprimer énergiquement toute tentation de révolte. L'appel terminé, tous les Chinois rentrés, on ferme la grande et l'unique porte de cette prison, qui ne sera rouverte que le lendemain matin, pour la reprise du travail quotidien.

Chaque homme reçoit une ration de riz qu'il fait cuire et prépare à sa guise et à ses frais. (La plupart se réunissent en petites associations pour l'achat en commun du matériel de cuisine.) Les baguettes fonctionnant avec agilité, le repas est vite terminé. Une natte de jonc est alors étalée, le Chinois s'y accroupit et se livre gravement à la préparation de sa pipe, un véritable travail de patience. Chacun d'eux est muni d'une petite boîte en bois, de la circonférence d'une pièce de deux francs, remplie d'opium.

Il en prend la grosseur d'une lentille au bout d'une aiguille, d'une allumette ou d'un morceau de bois quelconque, et présente cette boulette à la flamme d'une bougie. Lorsque l'opium commence à fondre, il l'étale vivement et minutieusement dans le fond de sa pipe, et recommence cette opération jusqu'à sept et huit fois avant d'y mettre le tabac. La pipe, bien garnie et soigneusement fourbie avec le pouce, est allumée, et, les jambes croisées à la mode arabe, le voilà qui fume béatement devant les débris de son maigre festin. Pauvre Chinois ! C'est probablement le meilleur moment de sa journée, et si, comme

on le dit, les rêves que lui procurent les fumées de l'opium le transportent dans le paradis de Bouddha, il faut convenir que cette courte envolée vers un monde meilleur lui est bien due.

Les dortoirs sont installés à la façon des lits de camp de nos corps de garde : ce sont de larges planchers inclinés, munis à leur partie supérieure d'une épaisse saillie servant de traversin, et, à la partie inférieure, d'une bordure légèrement saillante pour empêcher, à la suite de glissements, la chute des dormeurs. Pour toute literie, des nattes de jonc, que les coolies se fournissent à leurs frais.

Un temple, avec tous les objets nécessaires à l'exercice du culte, est installé dans la partie réservée. La visite d'un sanctuaire des Chinois étant considérée par ceux-ci comme une profanation, l'entrée de l'enceinte est formellement interdite à tout étranger à leur culte, homme de couleur ou blanc. C'est de la tourelle de l'un des majordomes que je me suis procuré les quelques détails que je viens de donner.

Le déjeuner des Chinois a lieu, comme pour les blancs, du reste, de midi à deux heures, et ils le prennent comme le repas du soir, dans leur quartier.

Leur habillement est aussi à leur charge, mais il est si rudimentaire qu'il ne doit pas beaucoup grever leur budget : pas de chemise, un pantalon très large en cotonnade bleue, et une petite veste de même étoffe ; mais ils ont le plus souvent le torse nu. Pas de chaussures, où, rarement, des espèces de sandales en paille de maïs.

Le dimanche étant consacré au repos, je résolus

d'en profiter pour me rendre à Lima, ainsi que je me l'étais bien promis. J'avais du reste écrit à nos braves hôteliers, qui m'attendaient pour 11 heures. J'avais bien fait part de mon projet au novice; mais il m'avait paru si peu y tenir que je n'avais pas insisté.

Dès le matin donc, je fais un peu de toilette; mais je prends si mal mes dispositions que, lorsque j'arrive à la gare d'Infantas, le train est parti depuis un bon moment. Furieux, je m'en retourne en maugréant. Au moment de rentrer dans ma case, je vois dans la cour un des Chinois travaillant sous mes ordres; il est monté sur une mule et porte à Lima des caisses vides, qu'il doit rapporter pleines, pour un de ses compatriotes, épicier dans l'hacienda.

Je l'appelle : « Tchou-Nama ! » Il me répond aussitôt : « Aïa, Aïa ! » A mon air empressé et à ma toilette, il devine ce que je désire et arrête sa mule.

Je monte en croupe et, dans ma précipitation, je laisse tomber le large chapeau de paille dont j'étais coiffé.

Mon Chinois est un grand gaillard qui a les jambes si longues que ses pieds touchent presque terre. Sans descendre de sa mule, sans se baisser, avec une adresse remarquable, à l'aide simplement des doigts de pieds, il saisit mon couvre-chef et me le passe avant que j'aie seulement eu l'idée de sauter à terre pour le ramasser. Il accompagna cette opération d'un petit speech en chinois; moi, je le remercie par gestes, et nous partons au petit trot.

Après trois heures de ce voyage peu confortable, nous arrivons au faubourg de Lima. La grande rue

que je dois suivre fourmille de nègres et de négresses tout habillés, la figure grave, fumant ou
mâchant d'énormes cigares. Les négresses ont pour
la plupart un fardeau sur la tête.

La foule devient de plus en plus compacte et
notre mule a beaucoup de peine à se frayer un
passage.

Comme je suis attendu à 11 heures à l'hôtel, je
n'ai pas de temps à perdre, et j'ai l'espoir d'arriver
plus vite à pied. En conséquence, je fais arrêter la
mule et je saute à terre, après avoir gratifié d'une
demi-piastre mon obligeant Chinois.

Malgré mon vif désir d'aller vite, au bout de
quelques instants, force m'est de modérer mon
allure.

Par instants, j'entends des coups de fusil, les cré-
pitations de milliers de pétards, et les sons d'une
musique militaire.

Je remarque que les toilettes sont plus soignées
qu'en temps ordinaire. Ce doit être une fête, peut-
être bien l'anniversaire d'une gloire du pays.

Pourtant, chose extraordinaire chez un peuple
aussi bruyant, pas un cri, aucune acclamation. Je
me perds en conjectures.

Subitement, au-dessus de cet océan de têtes
humaines, j'aperçois un dais de soie cramoisie,
richement brodée et frangée d'or, soutenu par quatre
colonnes torses également en or et que huit ecclé-
siastiques portent à tour de rôle. J'ai l'explication
tant cherchée : c'est une procession, et dans ce pays
religieux par excellence, cela doit valoir la peine
d'être vu. Aussi je presse le pas dans la mesure du

possible. Sous le dais est un prélat (c'est l'archevê-
que de Lima), revêtu de riches habits, coiffé d'une
mitre où scintillent l'or et les pierreries. Il est assis,
et devant lui est un petit autel sur lequel est déposé
l'ostensoir, que de temps en temps il élève et présente, à droite et à gauche, à la foule prosternée, le
front dans la poussière. Sitôt que le dais est passé,
des fenêtres, des trottoirs, partent des salves de
milliers de pétards.

Des centaines de jeunes femmes, la tête couverte
d'un long voile blanc qui leur descend jusqu'aux
pieds, plongées apparemment dans un pieux recueil-
lement, suivent immédiatement le dais. Elles tiennent à la main une cassolette d'argent en forme de
saucière, contenant des charbons ardents sur lesquels elles jettent de temps à autre de l'encens et
d'où se dégagent d'épais nuages odoriférants.

D'autres jeunes femmes, également couvertes d'un
voile blanc, balancent des encensoirs d'argent.

J'avais réussi à dépasser le dais, en m'effaçant
derrière une voiture renversée; subitement la foule
devient si compacte qu'il m'est impossible de faire
un pas de plus.

Comme je suis seul debout et couvert, je suis vite
remarqué par un vigilant sergent de ville qui me
fait impétueusement signe de me découvrir et de me
prosterner. Je suis forcé de m'exécuter, car au
milieu de ce peuple de fanatiques, il pourrait m'en
cuire de faire le récalcitrant.

CHAPITRE XIII

Tremblement de terre. — Cimetière d'Incas.
— Une soirée nègre. — Une séparation dou-
loureuse.

Comme je l'ai dit, j'habitais, à l'hacienda d'Infantas, une case de bambou que je partageais avec deux
mécaniciens, le père et le fils, venus avec le directeur de la maison Cail de Paris. Nous avions chacun notre couchette, et notre petit ménage était fait
par un Chinois.

Mes compagnons m'annoncèrent que nous ne
tarderions pas à éprouver les secousses d'un tremblement de terre. Ce phénomène se produit presque
tous les mois et à époques à peu près régulières.

Effectivement, un soir, vers les dix heures, au
moment de nous mettre au lit, de sourds grondements se font entendre; ils s'élèvent des entrailles
de la terre et ont quelque chose de terrifiant. Mes
deux compagnons se lèvent aussitôt et m'invitent à
les suivre. A peine sommes-nous sur le seuil de la
porte que le sol est violemment agité : quelques

tasses à café qui sont sur une étagère dans la case, sont bruyamment jetées à terre.

— Eloignez-vous de la case, me crient mes compagnons ; la seconde secousse est toujours beaucoup plus violente que la première et ne va pas longtemps se faire attendre.

Dehors, l'obscurité est profonde ; mais le ciel est splendide, parsemé de myriades de scintillantes étoiles.

La seconde secousse se produit, effectivement, beaucoup plus violente que la première.

— C'est celle-ci la plus à craindre, me dit l'un des mécaniciens, il va encore s'en produire une, mais beaucoup plus faible, et ce sera fini.

Lorsqu'un tremblement de terre se produit dans ces contrées, les habitants quittent précipitamment leurs demeures, se jettent à genoux et récitent des prières en égrenant un chapelet, le tout accompagné de force signes de croix.

Parmi les tremblements de terre les plus terribles qui se produisirent au Pérou (1), on cite celui d'Iquique, en 1868. La mer déborda, envahit la ville, détruisant tout sur son passage, noyant les habitants, et monta si haut qu'elle atteignit le sommet d'une montagne, où vint s'échouer un navire que, de la ville, on aperçoit encore aujourd'hui.

Le terrible tremblement de terre de 1755, qui

---

(1) Le lecteur est prié de se rappeler que les faits notés dans ce récit sont antérieurs à la guerre entreprise par la Bolivie et le Pérou contre le Chili. Ce dernier pays fut vainqueur, comme on sait, et reporta sa frontière nord jusqu'à la baie d'*Arica*.

détruisit en partie Lisbonne, eut son point de départ au Pérou, traversa l'Amérique du Sud, l'Atlantique, et vint expirer en Portugal. Il avait parcouru en quelques minutes presque le quart du globe.

Les premiers temps de mon séjour à Infantas, tous les soirs, après ma journée de travail, je parcourais les environs de l'hacienda. Le dimanche, personne ne travaillait, même les Chinois que l'on enferme dans leur quartier, j'en profitais également pour élargir le cercle de mes pérégrinations.

Mes compagnons ne partageaient pas mes goûts, je partais seul, mais, malgré cela, exempt de toute inquiétude; du reste, depuis une aventure en Tunisie où je faillis laisser ma peau, en visitant les ruines de Carthage, j'avais toujours sur moi deux excellents revolvers de gros calibre.

Un dimanche, donc, je m'éloignais plus que d'habitude.

L'attrait de l'inconnu porta mes pas vers une petite colline à environ trois lieues d'Infantas, du haut de laquelle je pensais découvrir de nouveaux horizons.

Arrivé au sommet de la colline, je demeurai stupéfait; j'avais devant les yeux un plateau couvert de sépultures, visiblement violées. Partout des cadavres dans un état de conservation particulièrement remarquable, et dans une position des plus bizarres. Au lieu d'être allongés sur le sol comme c'est la coutume, tous ces cadavres étaient accroupis, les deux mains croisées sur les genoux. La tête, inclinée vers la terre, avait conservé son épaisse et noire chevelure, qui tombait éparse sur le visage et dans le dos.

A côté de chaque cadavre se trouvait une urne en grès où probablement la famille enfermait des bijoux ou des pièces de monnaie ayant appartenu au défunt. Ce qui me frappa le plus, ce fut de voir ces squelettes momifiés sur la surface de la terre, sans cercueil.

A mon grand regret, toutes ces urnes étaient vides.

Je me trouvais évidemment devant un cimetière des Incas, ce peuple dont l'origine, l'histoire, les mœurs, la religion, ont été l'objet de tant de controverses, et sur lequel, cependant, nous sommes encore peu fixés de nos jours.

Depuis combien de temps ces cadavres étaient-ils là ? Question très difficile à résoudre. Enterrés à une certaine profondeur, et, par suite, rendus inaccessibles aux rapaces *gallinazos*, la chaleur du sol, véritable sable brûlant, et surtout les sels qu'il contient en abondance, ont pour propriété de rendre ces corps imputrescibles, de les dessécher ou, pour mieux dire, de les ratatiner, de les momifier, de les soustraire à cette loi de la destinée humaine qui veut que nous retournions en poussière, et de leur assurer une durée de conservation qui semble être illimitée.

Je pris une de ces urnes et la conservai quelque temps dans ma case; un maladroit Chinois, en procédant à un nettoyage, la laissa tomber en terre, où elle se brisa.

Il y avait, non loin de l'hacienda, une tribu de nègres indépendants, ayant pour tout bien leur liberté et habitant de mauvaises cases de bambou.

Cependant, malgré leur extrême pauvreté, ils s'étaient cotisés et avaient réalisé le tour de force

vraiment extraordinaire de ramasser les fonds nécessaires à l'achat d'un Christ gigantesque qu'ils voulaient placer sur le bord d'une nouvelle grand'route,
allant de Lima à Cherilles et passant par Infantas.

Ils invitèrent les Français de l'hacienda à célébrer
avec pompe la pose de cette croix. Au nombre de
sept à huit, nous acceptâmes leur invitation.

Le dimanche fixé pour la cérémonie, nous nous
rendons chez nos voisins et sommes chaleureusement accueillis.

Ce sont des poignées de main à n'en plus finir, et
l'on se dispute l'honneur de nous conduire à des
tables copieusement servies ; on a bien fait les choses.

Une vaste salle a été construite avec des bambous
recouverts de toile pour garantir des ardents rayons
du soleil. Au milieu de cette salle, sur une grande
table, dissimulée sous une tapisserie tombant jusqu'à
terre, est déposé le fameux Christ. Il n'y a pas à dire,
c'est une belle pièce, et le temps qu'il a fallu mettre
pour amasser la somme nécessaire à son acquisition
fait honneur à la persévérance des pauvres nègres.
Le Christ lui-même mesure 1m30 et la croix a plus
de 4 mètres. Si grande est la joie de ces pauvres hères
de posséder un tel chef-d'œuvre, que la journée se
passe et une partie de la nuit à danser autour, fumant
sans relâche, ne cessant de danser que pour boire et
de boire pour danser.

Vers 10 heures du soir, la plupart sont dans un
tel état d'ivresse qu'ils roulent par terre. Les jeunes
négresses ne résistent pas plus longtemps. Elles raf-
folent de la danse et paraissent avoir une préférence
marquée pour les cavaliers français.

En dansant, elles agitent constamment un mouchoir blanc et accompagnent leur danse d'une espèce de chant nasillard.

La fête est à son apogée, mais les danseuses sentent que la fatigue et l'ivresse vont venir à bout de leurs forces, et attaquent l'apothéose, mais une apothéose que j'étais loin de prévoir pour une pareille fête : tout en dansant autour du Christ, elles laissent intentionnellement tomber leurs jupes et sont bientôt dans le costume de notre première mère Ève avant le péché. C'est le signal de l'orgie.

Quelques-uns de mes amis restèrent toute la nuit.

Je regagnais ma case à l'hacienda, ainsi que le novice et un charpentier d'origine suisse.

L'Européen doit être très circonspect dans ses relations avec les femmes de couleur qui ont un penchant excessif pour les blancs.

Quelques jours après, deux de ceux qui étaient restés avec les négresses étaient gravement malades et durent entrer à l'hôpital de Lima.

La *terciana* (fièvre tierce), cette maladie si commune dans ces contrées, dont j'avais été atteint à Arica, commençait à faire ses ravages, et plusieurs de mes compatriotes étaient déjà alités.

Le premier chef charpentier tomba malade ; on me demanda de le remplacer. J'eus alors sous ma direction tous les travaux de charpente de l'hacienda, et, de plus, soixante Chinois à conduire sur les différents chantiers. Mes appointements, qui s'élevaient à 5o piastres par mois (250 fr.), furent portés à 80. Un mois plus tard, j'obtenais 100 piastres (500 fr.).

A son tour mon pauvre novice fut atteint par la

terrible *terciana*, mais si gravement qu'il fallut
renoncer à le soigner à la case. On l'admit à l'hôpital de l'hacienda, fondé exclusivement pour les
Chinois.

Le lendemain, j'allai le voir. En pénétrant dans la
grande case de bambou où il été couché, je fus presque sui . Rien ne peut donner une idée de
l'odeur infecte qui se dégageait de cette aggloméra-
tion d'extrême-orientaux. Le malheureux novice me
supplia de le faire sortir de là, de le faire porter sur
un brancard jusqu'au chemin de fer et de l'accompagner jusqu'à l'hôpital de Lima. Mais il était trop
tard pour prendre le train. Il fallait attendre jusqu'au
lendemain matin.

Je lui conseillai de s'armer de courage pour passer
la nuit et lui promis d'être près de lui à la première
heure du jour.

Le lendemain, dès l'aube, bien avant l'heure du
travail, j'étais debout et je me dirigeais vers l'hôpital,
lorsque je vis accourir au-devant de moi l'infirmier
français, l'air si consterné que j'eus tout de suite le
pressentiment d'un malheur. Sans proférer une
plainte, mon pauvre camarade s'était éteint pendant
la nuit et on venait seulement de constater sa mort.
Je restai atterré. Le coup était si subit, j'étais si loin
de m'attendre à un si lamentable dénouement que,
pendant quelques instants, je perdis la notion des
choses. Puis comme le naufragé qui s'accroche à la
moindre épave, je voulus douter. Hélas! il fallut
pourtant se rendre à la triste réalité. Je venais de
perdre l'un de mes meilleurs amis, l'un de ceux dont
le cœur garde l'ineffaçable souvenir.

Je ne voulus laisser à personne le soin de son ensevelissement. Je ne voulus point non plus permettre son inhumation dans le cimetière réservé aux Chinois, et je choisis moi-même l'endroit qui devait être sa dernière demeure, au pied d'un gros arbre dont les branches tombaient sur une petite rivière ; j'y fis creuser, par un Chinois, une fosse très profonde.

Manquant de bois propre à la confection d'un cercueil, je me procurai les planches nécessaires parmi les caisses qui avaient contenu les marchandises envoyées de Paris.

Ce fut pour moi le travail le plus pénible dont j'ai gardé le souvenir, et plus d'une larme coula sur les modestes planches qui devaient renfermer les restes de mon pauvre ami. J'étais si affecté que, pendant quelques jours, il me fut absolument impossible de travailler à l'hacienda. Le directeur ne me disait rien, il respectait ma douleur. Je fis un entourage en bois, et au-dessus traçai cette inscription : « Ici repose un Français », suivie de ses nom et prénoms ; puis, j'établis sur la tombe un petit jardinet que je couvris de fleurs.

Pour sortir de l'état de prostration dans lequel j'étais tombé, je me remis au travail avec acharnement, espérant trouver dans la fatigue corporelle un oubli momentané de la perte cruelle que je venais de faire.

CAPITRE XIV

Cimetières chinois et péruvien

Chaque jour, avant le travail, j'avais l'habitude,
depuis la mort de mon ami, d'aller arroser les fleurs
de sa tombe : certain matin, au retour, l'idée me
vint de passer par le cimetière affecté aux coolies
chinois. Impossible de se faire une idée de l'état
d'abandon de ce champ de repos : partout des squelettes dont la chair avait été dévorée par les « gallinazos »; et rien, pas le moindre signe, le moindre
emblème témoignant que ceux qui sont couchés là
ont laissé le plus léger souvenir dans la mémoire
des vivants.

Les Chinois sont doués d'un trop grand esprit de
solidarité pour qu'on puisse leur imputer un tel
manque de respect et d'ingratitude pour le morts;
j'ai la ferme conviction que si on leur en laissait
le temps et les moyens, ils donneraient à leurs compatriotes une sépulture convenable.

Mais il ne faut pas oublier que le coolie chinois,
dans ces contrées, n'est pas considéré comme un

homme : c'est du bétail humain, de la chair à travail. Dès lors, quand la mort a tranché le fil de la
triste existence d'un esclave chinois, il faut au plus
vite se débarrasser de sa misérable carcasse, qui
n'est d'aucune valeur, inférieure en cela à celle d'une
pièce de bétail, dont on peut toujours tirer une
compensation quelconque, si maigre soit-elle. On
n'a pas encore trouvé le moyen d'exploiter le Chinois mort, mais je crois qu'on y arrivera, étant
donné les aptitudes spéciales des propriétaires de
ces contrées à faire rendre au Chinois vivant le
maximum d'efforts qu'il est possible d'obtenir d'un
être humain.

Comme à la perte sèche causée au propriétaire
par la mort de l'un de ses esclaves, il ne faudrait
pas ajouter les quelques frais causés par la confection d'un cercueil et la perte de quelques heures
consacrées, par les amis ou compagnons du défunt,
à assurer à celui-ci une sépulture convenable, on
opère comme suit :

L'enterrement d'un esclave se fait toujours à la
fin de la journée, après l'appel du soir.

L'infirmier vient demander au majordome quatre
hommes de corvée, qui se dirigent vers l'hôpital et
s'emparent du défunt, *complètement nu*, qu'ils
jettent sur un brancard de bambou. Le convoi se
dirige au pas de course vers une fosse, toujours faite
d'avance, et qui n'a pas plus de trente centimètres
de profondeur. Le cadavre y est couché et les porteurs le recouvrent de quelques pelletées de terre, à
l'exception de la tête, qui émerge légèrement du sol.
Toutes ces dispositions, qui paraissent tout d'abord

bizarres, sont prises en vue de faciliter la besogne des hideux gallinazos.

C'est tout simplement abominable. Si ce sont là procédés de gens civilisés, que seront ceux des sauvages ?

A mon arrivée au cimetière chinois, une vingtaine de gallinazos s'étaient abattus sur un cadavre enterré de la veille. Habitués qu'ils sont à ne pas être chassés, mon approche n'interrompit point leur horrible festin.

J'ai toujours conservé une horreur insurmontable pour ces répugnants oiseaux de proie ; aussi, certain de n'être point vu — (ainsi que je l'ai déjà dit, ils sont protégés par des règlements de police, et toute contravention est sévèrement punie d'une forte amende, même de prison en cas de récidive) — je ramassai des pierres plates éparses sur le sol, et me mis à en bombarder énergiquement ces immondes rapaces. Serrés comme ils l'étaient les uns contre les autres, tous mes coups portaient, aussi fut-ce bientôt une véritable déroute. L'un d'eux, entre autres, ayant une patte presque coupée par l'un de mes projectiles, essaya de se percher sur un arbre voisin, et, ne pouvant y parvenir à cause de sa blessure, prit son vol vers l'hacienda en poussant de lugubres cris. Craignant d'être surpris, je regagnais ma case en toute hâte, un tant soit peu satisfait de ma petite vengeance, car si je dois convenir que les *gallinazos* rendent des services au point de vue de la salubrité, je n'ai jamais oublié que tout être humain ou animal, qui tombe sur une route, terrassé par la fatigue ou la soif, devient immédiatement leur proie, avant même qu'il ait rendu le dernier soupir.

Cependant la terrible fièvre continuait ses ravages parmi les Européens et les Chinois, et le nombre du personnel de l'*hacienda* commençait à diminuer d'une façon inquiétante.

Je croyais cependant avoir payé mon tribut à la nature... c'est-à-dire à ce funeste fléau et me trouver désormais à l'abri de ses atteintes. Mais ce fut une illusion de courte durée. Mon ami le Suisse et moi, nous tombâmes en effet malades dans le même moment et il nous fallut bientôt quitter l'hacienda pour nous rendre à Lima, où nous louâmes, dans une pension de famille européenne, une chambre meublée à deux lits. Les propriétaires, des Suédois, nous entourèrent des soins les plus attentifs, les plus dévoués. Depuis longtemps installés à Lima, ils purent traiter notre maladie sans que nous ayons eu besoin de recourir au médecin.

J'étais plus gravement atteint que mon ami, qui fut sur pied après quinze jours, mais ne voulut pas retourner immédiatement à Infantas ; il resta à mon chevet, attentif à mes moindres désirs, m'entourant de la plus tendre sollicitude. C'est grâce à ses soins et à ceux de nos hôtes que je pus échapper à une mort certaine.

Aux nombreux cas d'indisponibilité causés parmi le personnel de l'hacienda par la redoutable *terciana*, s'ajoutaient ceux causés par le *pic* (1). Plusieurs des

---

(1) C'est la *puce pénétrante*, *tique* ou *chique*, fort commune dans certaines contrées d'Afrique, aux Antilles

hommes sous ma direction ne pouvaient plus marcher, ne connaissant pas la manière de se débaras-
ser de ce terrible insecte sans crever la poche contenant les œufs. Pour mon compte, j'en eux deux au
pied droit, et ce fut un Chinois qui m'en débarrassa
habilement au moyen d'une épingle.

Au cours d'une de mes excursions à Lima, j'eus
l'occasion de visiter le cimetière. Figurez-vous une
suite de murailles de quatre mètres d'épaisseur sur
autant de hauteur, ayant assez bien l'aspect de murs
d'enceinte, mais percées à intervalles réguliers et sur
quatre rangs, d'ouvertures semblables à celles de
nos fours à boulanger, et servant d'entrée à de
longues et étroites cases, dépassant de très peu les
dimensions d'une bière ordinaire.

C'est dans ces compartiments que l'on introduit
les cercueils; une plaque de marbre, sur laquelle est
gravée l'épitaphe du défunt, est scellée sur l'ouver-
ture et... c'est tout.

Pas de fleurs, de couronnes, de croix, d'emblèmes,
aucun signe, enfin, ne vient rompre la lugubre monotonie de ce lieu de sépulture; rien qui vienne dire

---

et dans l'Amérique du Sud. Cet insecte, si petit qu'il est
presque invisible, a le bec excessivement pointu et arrive
facilement à pénétrer les vêtements de toute épaisseur.
Il a une prédilection marquée pour les pieds, surtout le
dessous des ongles et le talon. La femelle s'y fixe entre
cuir et chair, et son abdomen, qui contient les œufs
prend un développement considérable qui atteint parfois
le volume d'un petit pois. La ponte a lieu et l'éclosion
de la nombreuse famille, qui en est la suite, détermine
un ulcère dont la guérison est parfois difficile.

au passant que ceux qui reposent là ont laissé parmi les vivants le plus léger souvenir.

Rien de plus triste que ces sombres et épaisses murailles, ces suites interminables de plaques, et surtout, à côté, ces ouvertures béantes semblant attendre avec impatience le corps qui leur est destiné.

Qu'il y a loin de cette sinistre nécropole aux coquets petits jardins que sont nos cimetières de campagnes, aux somptueux parcs que sont devenus nos cimetières de grandes villes, et, surtout, qu'il y a loin d'un tel abandon des morts au culte dont ils sont l'objet dans notre chère France, aux soins jaloux dont chacun de nous, humble ou puissant, riche ou pauvre, entoure le petit coin où gît la dépouille d'un être regretté !

CHAPITRE XV

La traite des jaunes. — Un trafic infâme. — Exemple de cruauté

Beaucoup de braves gens ont frémi aux récits des atrocités commises par les trafiquants de chair humaine, ces trop célèbres marchands de *bois d'ébène*, lesquels, si les nations civilisées n'y avaient enfin mis ordre, auraient fini par dépeupler l'Afrique. Depuis le milieu du xv° siècle, en effet, époque à laquelle prit naissance l'infâme trafic connu sous le nom de *traite des noirs*, au moment même où les serfs commençaient à disparaître, jusqu'au milieu du xix° siècle, on n'estime pas à moins de cent mille le nombre des malheureux nègres qui étaient transportés annuellement d'Afrique en Amérique. Les hommes vraiment dignes de ce nom, n'ont pu qu'applaudir à la suppression de cet odieux commerce. Il ne faudrait pourtant pas croire que l'abolition de l'esclavage soit, aujourd'hui, un fait accompli ; mitigé seulement par sa transformation d'esclavage à vie en esclavage à temps, il n'en sub-

siste pas moins avec toutes ses horreurs. La forme
a changé, les apparences sont sauvegardées, mais le
fond est resté le même.

Mal préparés pour pouvoir tirer parti d'une liberté
à laquelle ils étaient loin de s'attendre, les nègres, si
robustes, si durs au travail, à la chaleur, aux priva-
tions de toutes sortes, aux mauvais traitements, ne
tardèrent pas, dès qu'ils furent affranchis, à devenir
la proie d'une incurable paresse et des vices qui en
sont la conséquence.

Etiolés, devenus incapables de tout travail suivi,
ils ne furent plus d'aucune utilité pour les planteurs,
colons, industriels, etc., qui, devant cette disparition
de la main-d'œuvre, se trouvèrent fort embarrassés.
Heureusement pour eux, les ex-négriers, lésés par la
suppression de la traite des noirs, avaient cherché à
tourner la question et à se dédommager d'un autre
côté. La solution du problème fut bientôt trouvée,
et les Chinois, race essentiellement prolifique, dure
au travail, sobre, habitant un pays où l'industrie
faisant presque entièrement défaut, la main-d'œuvre
est forcément à vil prix, les Chinois, dis-je, devinrent
naturellement le champ d'exploitation du honteux
commerce dont j'ai déjà parlé. Mais, me direz-vous,
la traite est abolie, et... Parfaitement, la traite est
abolie, aussi, les Chinois que l'on transporte en
Amérique du Sud, ne sont pas des esclaves, mais
des engagés, auxquels on fait signer un contrat pour
sept ans. Mais, objecterez-vous encore, puisque, à
leur arrivée au Callao, on les vend... Erreur, cher
lecteur, la somme de 400 piastres (2.000 fr.) versée
par les colons ou l'industriel qui prend livraison

d'un Chinois, représente les frais de transport de celui-ci et la nourriture pendant la *confortable* traversée que j'ai esquissée. Mais, insisterez-vous, puisqu'on achète... Mais non, mais non, vous avez mal compris. Pour dédommager l'armateur de ses frais de recrutement et de transport, on lui verse 2.000 fr., et, en échange, l'on reçoit, non un esclave, mais un ouvrier, et la preuve, c'est que l'on donne à cet ouvrier un salaire quotidien de 1 fr. 25, et qu'il n'est engagé que pour sept ans.

Et le tour est joué. Voilà comment l'abolition de la traite des noirs a été remplacée par la traite des jaunes.

Des statisticiens dignes de foi ont établi que, dans le transport des noirs d'Afrique en Amérique, 25 o/o de ces malheureux périssaient au cours de la traversée.

Les conditions de transport des Chinois étant à peu près les mêmes, la mortalité pendant la traversée doit sensiblement atteindre les mêmes proportions.

Un fait, en tous cas, archiprouvé, hors de toute contestation possible, c'est qu'à la suite des mauvais traitements dont ils sont l'objet, un tiers à peine des malheureux Célestes débarqués au Callao, arrivent au terme de leurs sept années d'engagement. Si triste, si misérable qu'ait été la vie des coolies chinois dans leur pays, ils n'ont certes jamais été à même de pouvoir seulement soupçonner l'épouvantable existence qui les attend pendant de longues années dans ce qu'on pourrait, avec raison, appeler les bagnes péruviens.

En mettant sa signature au bas du contrat qui le rend esclave pour sept ans, il est plus que probable que le pauvre Chinois, habilement circonvenu, n'a vu que l'appât des quatre ou cinq cents francs touchés immédiatement et les économies qu'ils pourrait réaliser sur son salaire quotidien.

Il n'a pu prévoir que, pour la modique somme de vingt-cinq sous qu'on lui donnerait par jour, on exigerait de lui une quantité de travail qu'on n'essayerait peut-être pas d'obtenir d'une bête de somme, et n'a pu présumer non plus que le fouet et la cangue joueraient un si grand rôle dans sa future carrière. Les termes de son engagement sont évidemment muets sur ces légères questions de détail, et, du moment qu'on n'en parle pas, il n'y a pas de tromperie.

Et puis, voyons, le Péruvien peut-il, de bonne foi, considérer le Chinois, un *homme de couleur*, comme un être à son image ? Fi donc ! Au surplus, si, par le plus grand des hasards, sa conscience voulait sortir de sa somnolence, le Péruvien n'a-t-il pas chez lui assez de prêtres pour obtenir facilement l'absolution ? Mais, soyez tranquille, ce ne sont pas les scrupules qui troublent son repos, et l'impassibilité avec laquelle il se livre aux actes les plus féroces sur les malheureux soumis à ses ordres, montre bien qu'il n'en a cure.

A l'appui de ce que je viens de dire concernant la brutalité des Péruviens envers les Chinois, je vais rapporter, parmi beaucoup d'autres, une scène à laquelle, de témoin, je devins acteur. Cela me dispensera de revenir sur ce pénible chapitre.

J'étais assez aimé des Chinois que j'avais sous mes ordres.

Responsable du travail, j'étais très sévère dans le service et n'aurais pas toléré la non-exécution de mes ordres ; mais je dois avouer que je n'avais jamais, non seulement l'occasion de frapper, ce que je n'aurais certes pas voulu faire, mais même de réprimander les coolies sous mes ordres. Le Chinois est loin d'être parfait, j'en conviens, mais je dois à la vérité de dire qu'il a beaucoup de qualités, et, parmi ces qualités, on doit surtout citer son ardeur au travail et son intelligence. Il est très rare de voir un Chinois inactif, et encore plus rare d'être obligé de lui expliquer deux fois ce que l'on attend de lui, à moins d'opérer comme les majordomes péruviens qui accompagnent leurs explications de force coups de fouet, qui ont inévitablement pour résultat de troubler la cervelle du pauvre diable, et il faut bien avouer qu'on serait troublé à moins.

Un jour donc, un Chinois de mon équipe, portant une grosse pièce de charpente en bois, heurta du pied une barre de fer qui le fit tomber, et la pièce de bois qu'il portait toucha légèrement une jambe de la mule d'un majordome qui commandait, à côté, une autre équipe de coolies.

Le majordome furieux, envoya au pauvre Chinois un vigoureux coup de fouet, dont la lanière, en sifflant, fit deux ou trois fois le tour du visage du malheureux ; puis, sans aucune pitié, l'ignoble brute continua de le frapper avec le manche de son fouet.

Tout ceci avait été l'affaire d'un instant.

Au bruit du coup de fouet, je m'étais retourné pour me rendre compte de ce qui se passait.

Je fus indigné de cet acte de brutalité ; et, m'avançant vers le majordome, je lui demandai de quel droit il frappait un de mes hommes.

N'obtenant pas de réponse, j'ordonnai à ceux de mes hommes qui étaient chargés de déposer leur fardeau à terre et à tous de se reposer. Je voulais les rendre témoins de la leçon qu'un Français allait donner à l'un de leurs gardes-chiourmes.

A ce moment, mes yeux se portèrent sur le Chinois, qui venait d'être si brutalement frappé. Un frisson d'horreur et de pitié me secoua de la tête aux pieds : le malheureux avait un œil complètement arraché de l'orbite et qui pendait sur son visage ensanglanté.

Un nuage passa devant mes yeux, et, fou de rage, de colère et d'indignation, je saisis la bride de la mule du lâche majordome et le sommai de descendre. Il me répondit par un coup de fouet que j'esquivai en mettant ma tête sous le cou de la noble bête, et, avant qu'il eût eu le temps de recommencer, j'avais saisi mon revolver, et le visant, je lui criai, en un mauvais espagnol qu'il devina plutôt qu'il ne comprit :

— Si tu fais un mouvement pour prendre ton revolver, je te casse la tête avec le mien. Puis, le tenant toujours en respect sous mon arme, je lui arrachai son fouet des mains. Passant alors le revolver dans ma main gauche, et le fouet dans ma main droite, je lui cinglai, à mon tour, le visage.

A un moment, soit douleur, soit colère, il fit un

mouvement pour saisir son arme. Aussitôt, je fis feu, mais sans chercher à le tuer ; seulement, la balle lui passa si près du visage qu'il eut peur et se tint coi.

Au bruit de la détonation, le directeur accourut, croyant à une révolte des Chinois. Je lui expliquai ce qui venait de se passer, et lui fis comprendre que si je n'avais pas été tué par ce féroce Péruvien, c'était uniquement parce que je l'avais mis dans l'impossibilité de le faire. Puis, j'exigeai son renvoi immédiat, déclarant que si on n'accédait pas à mon désir, je quitterais l'hacienda sur-le-champ. Le directeur, après avoir examiné le Chinois, m'écouta avec une bienveillante attention, et, dès que j'eus terminé mes explications, ordonna de conduire le blessé à l'hôpital ; puis il fit désarmer le majordome, lui solda ses gages et le congédia séance tenante.

En quittant l'hacienda, cet ignoble sauvage me montra le poing en proférant des menaces de mort.

Pour toute réponse, avec un geste significatif, je lui montrai mon revolver.

Le lendemain, les Chinois de mon équipe me firent comprendre que le majordome rôdait autour de l'hacienda, se cachant parmi les cannes à sucre, attendant une occasion favorable pour tirer vengeance de la leçon que je lui avais donnée. J'avertis le directeur qui envoya quelques Chinois et un majordome pour opérer sa capture, qui se fit sans difficulté, car, absorbé par ses idées de vengeance, il n'entendit ceux envoyés pour le saisir que lorsqu'il était trop tard pour fuir. On lui lia les mains derrière le dos, et il fut fouillé : deux revolvers et un énorme couteau à gaine furent trouvés sur lui.

Il fut mis à la cangue (1), et j'allai voir ce triste personnage qui osa implorer ma pitié.

Quelques jours après, on le conduisit, sous bonne escorte, à la prison de Lima, où il fut écroué pour menaces de mort envers moi.

Ce misérable était taillé en hercule, et il est certain que si j'étais tombé sans armes entre ses mains, il m'aurait assommé.

_____

(1) La *cangue*, sorte de carcan, originaire de Chine, se composant de deux pièces de bois échancrées que l'on rapproche après avoir introduit dans les échancrures la tête et les mains du condamné.

CHAPITRE XVI

Une étrange aventure. — Attaque, victoire et
retraite.

Ne pouvant plus guère varier mes excursions,
j'allais presque tous les dimanches à Lima, et je
m'arrangeais toujours de façon à arriver pour déjeuner à l'hôtel français, dont j'ai déjà plusieurs fois
parlé, et où j'étais toujours très bien accueilli par les
propriétaires et par leur enfant, une charmante jeune
fille de dix ans, ayant déjà l'air d'une petite femme,
tant elle était grande et forte pour son âge. Un dimanche, cette jeune fille, parée d'une fraîche toilette, s'était installée sur le devant de la maison ;
lorsqu'elle m'aperçut, elle accourut au-devant de
moi et me tendit la main. Je soulevai mon chapeau
et lui fis un grand salut qui avait peut-être la prétention d'être très cérémonieux, mais qui n'était
probablement que ridicule, car la fillette partit d'un
grand éclat de rire, et, d'un revers de main, fit tomber à terre mon panama. Comme je me baissais
pour le ramasser, voulant sans doute me devancer,

elle me poussa si malencontreusement que, perdant mon centre de gravité, je m'allongeai tout de mon long, le dos dans la poussière. J'eus un véritable succès. Ma chute fut saluée d'une explosion de rires et d'applaudissements partis de derrière les jalousies des fenêtres voisines. Vivement relevé, j'étais en train de m'épousseter, lorsque mes yeux tombèrent sur une jalousie dont trois ou quatre lames étaient levées, découvrant la plus adorable tête de jeune femme qui puisse se voir.

Les Péruviennes sont généralement très jolies, mais jamais visage ne m'avait autant attiré que celui de cette inconnue, qui, tout en me saluant de son éventail, m'adressait un sourire à damner un saint. Agréablement surpris, émerveillé, j'étais en extase devant sa fenêtre, ne sachant quelle contenance tenir, lorsque plusieurs de mes amis sortirent de l'hôtel et vinrent au-devant de moi. La jalousie retomba complètement et je ne revis plus personne.

J'étais troublé plus que je ne saurais le dire: à la façon dont elle m'avait salué, j'avais maintenant la conviction que je n'étais pas un inconnu pour elle, et cela n'avait, après tout, rien de bien étonnant; les jalousies dont sont garnies toutes les fenêtres constituent d'excellents postes d'observation; les Européens, peu nombreux, sont fort remarqués, surtout par les femmes, et, je l'ai dit, depuis quelque temps, je venais presque tous les dimanches à Lima, à l'hôtel en face duquel demeurait ma belle inconnue. Son souvenir ne me quittait pas, et, de retour à Infantas, si au lieu de commander, j'avais eu à obéir, j'aurais probablement encouru plus d'une réprimande, car j'étais plus distrait qu'il ne convient pour faire de sérieux travail.

La semaine me parut longue ; et, inutile de le dire, le dimanche arrivé, je me rendis à Lima.

Une déception m'y attendait ; mon inconnue n'y était plus, ainsi que l'attestaient les fenêtres de sa demeure hermétiquement closes. Partie ! mais où ? Mystère ! Adieu, beau rêve !

A quelques kilomètres d'Infantas, sont deux charmantes plages de sable fin, Ancon et Cherillas, lieux de rendez-vous de l'aristocratie péruvienne.

Le matin et le soir, la brise est si douce et l'eau du Pacifique si tiède que ces deux plages sont vite devenues des stations balnéaires de premier ordre. Quantité de coquettes villas, véritables petites bonbonnières, parsèment la côte.

Un dimanche, un peu fatigué, je prévins à l'hacienda que j'avais besoin de quelques jours de repos et, au lieu d'aller à Lima, je me rendis à Cherillas, dans le but d'y prendre des bains de mer.

Après avoir pris une chambre dans un hôtel convenable, je me rendis à l'établissement de bains, très confortablement installé et dont l'entrée est rigoureusement interdite à tout homme de couleur.

Les deux sexes se baignent pêle-mêle, les hommes n'ont que le traditionnel caleçon, et les femmes ont un costume d'une étoffe si transparente, surtout lorsqu'elle est mouillée que, lorsqu'elles émergent de l'eau, on pourrait les croire absolument nues. Il est très difficile, sans l'avoir vu, de se faire une idée du pittoresque spectacle qu'offre la plage de Cherillas aux heures de bain, avec sa foule de baigneurs s'ébattant follement dans l'eau au bruit des éclats de rire et des cris joyeux.

J'étais depuis quelques instants dans la mer, ayant de l'eau jusqu'à la ceinture, au milieu de la foule un peu compacte des baigneurs, cherchant un endroit moins encombré pour aussi m'ébattre à mon aise, lorsque soudain je fus douché avec un acharnement. auquel, ne connaissant personne parmi cette foule, j'étais loin de m'attendre.

Nullement préparé à cette attaque... hydraulique, aveuglé par l'eau qui m'arrivait sans cesse au visage, je faisais tous mes efforts pour distinguer la personne qui m'octroyait ce copieux baptême.

Enfin, il se produisit une accalmie, et je vis devant moi... la belle inconnue de Lima qui, riant aux éclats, me souhaitait le bonjour en espagnol. Un cri de joie s'échappa de mes lèvres, puis, subitement, je demeurai tout décontenancé : hélas !... et combien je le regrettai alors, je ne connaissais pas assez l'espagnol pour pouvoir converser avec elle et lui exprimer tout mon bonheur de la revoir.

Elle comprit sans doute la cause de mon embarras, car, s'approchant de moi, ses petites mains saisirent les miennes qu'elle serra avec effusion en m'invitant à nous baigner de compagnie. Affolé à la vue de son beau corps aux lignes sculpturales qui s'offrait presque sans voiles à ma vue, sans aucun artifice de toilette, je perdais de plus en plus contenance et sentais que le sang me montait à la tête. Après quelques timides essais d'ébats dans l'eau, voyant que je ne pouvais parvenir à surmonter mon trouble, elle me fit signe de la suivre, et se dirigea vers sa cabine qu'elle me montra. Sentant de nombreux regards braqués sur moi, je me dirigeai en toute hâte vers la mienne et m'habillai rapidement.

Quand je revins vers la cabine de ma jolie baigneuse, elle était déjà prête, et tenait entre ses mains un ravissant chapeau de paille jaune, orné de coquelicots, un article parisien, sans nul doute, car le coquelicot est une fleur inconnue au Pérou.

Elle me donna son ombrelle à tenir, et nous voilà en route pour son hôtel. J'étais absolument captivé, subjugué, incapable de volonté, et je la suivais comme un esclave.

Arrivés à l'hôtel, elle fit servir une bouteille de *cerveza*, me pria de l'attendre quelques instants, eut un rapide entretien avec le patron de l'établissement et, lorsqu'elle revint, me fit comprendre qu'il nous fallait partir immédiatement, que nous n'avions pas une minute à perdre pour prendre le dernier train, arrivant à Lima à neuf heures du soir. Je n'avais aucune objection à formuler (j'en étais parfaitement incapable, du reste), et, résolu à pousser jusqu'au bout l'aventure, j'en étais réduit à exécuter docilement toutes ses volontés.

Arrivés à la gare de Lima, comme elle se disposait à prendre une voiture, je réussis à lui faire comprendre qu'il était préférable de rentrer à pied : outre que cela me donnait la satisfaction de sentir le bras de ma jolie compagne appuyé sur le mien, cela me donnait aussi le temps de réfléchir sur la bizarrerie de ma situation ; car, si d'un côté j'étais satisfait, d'un autre côté je n'étais pas sans inquiétude, et je regrettais fort de ne pas avoir mon revolver, que j'avais laissé à Infantas.

Mon inconnue n'était peut-être pas aussi libre que ses allures semblaient vouloir l'indiquer, et j'avais maintes fois entendu dire que la passion des Péruviennes pour les Européens les entraîne facilement au delà des limites de la plus élémentaire prudence.

A cause des tremblements de terre fréquents, la plupart des maisons de la ville n'ont qu'un rez-de-chaussée surmonté d'un étage, quelques-unes en ont deux, et ne sont habitées que par une famille.

Lorsque ma compagne ouvrit la porte d'entrée, je suis forcé d'avouer que le cœur me battait très fort, tant je redoutais la subite apparition de quelque importun trouble-fête. Rien ne bougea, et je me rassurai en la voyant allumer la bougie d'un flambeau déposé sur la première marche d'un escalier en marbre.

Néanmoins, d'un rapide regard circulaire, j'inspectai l'endroit où je me trouvais, dans le but de parer à toute surprise.

Mon inconnue, avec gracieuseté, me fit signe de la suivre, et je gravis l'escalier à sa suite. Arrivée sur le palier, elle ouvrit une porte, et je me trouvai sur le seuil d'une chambre à coucher, meublée avec la dernière élégance, coquette et confortable, une luxueuse petite bonbonnière.

Tout ce que je compris, c'est qu'elle était seule et devait jouir d'une certaine aisance, car tout chez elle respirait non seulement le confortable, mais

le luxe. Elle me fit signe de m'asseoir sur le canapé,
et alluma une grosse lampe qu'elle posa sur le guéridon, après l'avoir débarrassé des livres et journaux
dont il était encombré. Puis, ouvrant une espèce
de placard dissimulé sous la tenture, au-dessus du
canapé, elle en sortit des biscuits, du raisin, des
grenades, des ananas et deux bouteilles de vin,
qu'elle déposa, avec des verres et des assiettes, sur
le guéridon.......

Je ne tardai pas à me convaincre que je n'étais
pas de taille à maîtriser la frénésie amoureuse qui
s'était emparée de ma ravissante compagne.

Des réflexions plutôt inquiétantes revinrent en
foule m'assiéger. Le climat de ces contrées n'est pas
très favorable à l'Européen, et celui qui se laisse
aller aux aventures galantes y laisse toujours sa
santé et souvent sa vie ; j'en avais vu de tristes
exemples. Exténué, brisé, je résolus de sortir au plus
vite de cette aventure, où m'avait conduit mon en-
traînement irraisonné. Le hasard, qui parfois fait
bien les choses, m'en fournit subitement le moyen.
Il était plus de minuit, lorsque soudain je manifestai
le désir de fumer.

Avant que j'eusse pu deviner ce qu'elle allait faire,
ma compagne s'était mise une mantille sur la tête
et était descendue, et j'entendis claquer la porte de
la rue.

Je compris tout de suite qu'elle allait au bureau
de tabac de la *plaza Mayor*, qui ne fermait pas
avant 1 heure du matin. Je résolus de mettre son
absence à profit et de m'esquiver sans tambour ni
trompette. Le procédé était peu galant, mais c'était

la lutte pour la vie, et certain de ne pas avoir le dessus, je préférais battre en retraite.

Que celui qui est sans péché me jette la première pierre.

Je pris mon portefeuille et, en un mauvais espagnol, je griffonnai un court billet que je plaçai bien en évidence, près de la lampe : « Bonne nuit ! Je rentre chez moi, j'ai besoin de repos. » Et j'allais en toute hâte me faire ouvrir la porte de l'hôtel français, où mon arrivée à pareille heure provoqua quelque surprise. Le matin, je quittai l'hôtel de très bonne heure, craignant d'être guetté par ma belle délaissée, mais les jalousies étaient bien baissées et aucun mouvement ne donnait signe de présence derrière. Je me rendis immédiatement à la *plaça Mayor*, au grand café Richelieu, où je me fis servir à déjeuner, en attendant l'heure du premier train pour Infantas. L'on fut très étonné de me voir si tôt de retour à l'hacienda, car je devais être plusieurs jours absent. J'expliquai que j'avais changé d'avis, et je repris mon service, la tête quelque peu à l'envers par le souvenir de ce qui venait de m'arriver.

Cette courte passion avait cependant laissé chez moi des racines plus profondes que je ne l'avais cru d'abord, et je dus me morigéner beaucoup pour ne plus retourner à Lima.

Pour m'en ôter le prétexte, je fis rapporter, le dimanche suivant, par un ami, les effets que j'avais laissés à l'hôtel.

J'avais été probablement remarqué, à Cherillas ou à Lima, et mon aventure avait fait jaser; car, sans en avoir jamais parlé à qui que ce fût, l'on m'apprit

que ma belle inconnue, sachant que j'avais loué
une chambre à Cherillas, était retournée aux bains
de mer, espérant m'y revoir. Je me gardai bien d'y
retourner, la raison ayant enfin pris tout à fait le
dessus, et bien résolu à en rester là de cette intrigue,
je me cantonnai obstinément à Infantas, certain
qu'elle ne viendrait pas m'y relancer. La Péruvienne,
en effet, est fière, hautaine, et ne s'abaisserait pas à
une démarche considérée comme humiliante pour
son orgueil.

CHAPITRE XVII

Encore la terciana. — Évasion d'un nouveau genre

Nous étions arrivés au mois de janvier, qui est l'été de l'Amérique du Sud, et la maudite *terciana* continuait toujours ses ravages. Le nombre des Européens valides diminuait à vue d'œil, et l'hôpital chinois de l'hacienda ne désemplissait pas.

Pour la troisième fois, l'impitoyable fièvre me força à abandonner le travail. On me conseilla de me rendre à Ancon, charmante petite plage de sable fin, bordée de coquets petits hôtels entourés de ravissants petits jardins.

Installé dans un de ces petits hôtels, je pris la résolution de ne rien épargner pour ma guérison, bien décidé à quitter un pays qui m'était si peu favorable.

Tombé dans un état de faiblesse extrême et ne pouvant plus avaler une bouchée de pain, j'essayai de me réconforter avec des vins généreux, que je payais des prix fous.

Peine perdue, comme pour la nourriture, le peu que je parvenais à absorber était immédiatement rejeté.

Mes cheveux tombaient par poignées, et au bout de quelques jours j'eus le crâne complètement dénudé. J'étais absolument hideux, et si grande était ma faiblesse que, courbé en deux, me cramponnant aux murs des villas, je mettais plus d'une heure à parcourir les deux cents mètres qui séparaient mon logement du bord de la mer. Je faisais chaque jour ce pénible trajet et, arrivé sur la plage, à bout de forces, je me laissais tomber sur le sable et je restais là des heures, anéanti, en contemplation devant l'immense plaine liquide.

Je me sentais perdu ; de gros soupirs s'échappaient de ma poitrine, des larmes brûlantes roulaient dans mes yeux quand, au large, tout là-bas, mon regard tombait sur un petit point noir, presque imperceptible, surmonté d'un panache de fumée, qui bientôt disparaissait à l'horizon. Ce petit point noir portait des êtres pleins de vie qui, dans quelques semaines, allaient débarquer dans cette vieille et belle Europe que je ne verrais plus, car j'allais mourir, seul, loin de ma patrie, de cette chère France, que l'éloignement fait plus regretter encore, loin de ma bonne mère espérant toujours le retour de son fils, loin des amis véritables ayant conservé vivace le souvenir de l'absent.

A cette véritable torture morale venaient s'ajouter les soucis de l'existence matérielle. J'étais parvenu à économiser cinq cents piastres ; ces économies disparaissaient comme par enchantement, car dans ces contrées tout est très cher. Je voyais avec inquiétude arriver le moment où j'allais me trouver absolument sans ressources.

Il ne me resterait plus que l'hôpital, et, dans l'état lamentable où j'étais, m'introduire en plein foyer d'infection, c'était me donner le coup de grâce. J'étais donc irrémédiablement condamné, et, tombé dans le plus profond désespoir, j'attendais le fatal moment qui ne pouvait tarder.

Un Italien habitant Ancon et possesseur d'une baleinière, venait souvent me rendre visite (parlant assez bien le français, il s'était intéressé à moi,) et m'aidait, en me soutenant par le bras, à me rendre sur le bord de la mer. En arrivant un jour sur la plage, il me montra un grand steamer anglais, l'*Illimani*, qui était mouillé au large. Ce navire était sous pression, car, bien qu'il fût loin de la côte, on entendait distinctement les grondements de ses puissantes chaudières.

La vue de ce bateau produisit sur moi son effet habituel. Littéralement fasciné, je n'en pouvais détacher mes yeux, tombé dans une sorte d'hébètement, lorsque, tout à coup, j'eus un frémissement si brusque que mon chapeau tomba; je venais d'entrevoir une chance de salut, et, comme le naufragé qui rencontre une épave, je m'y accrochai avec la dernière énergie ; mon compagnon, surpris, s'empressa de ramasser mon panama et de me recoiffer, car le médecin avait surtout recommandé de ne pas laisser exposée au soleil ma pauvre tête complètement dépourvue de cheveux.

Je n'avais plus qu'un moyen d'échapper à <u>la mort</u>

inévitable qui m'attendait sous ce ciel meurtrier : la
fuite. Et ce moyen était là, sous mes yeux, ce beau
paquebot qui, dans quelques semaines, allait atterrir
en Europe.

Mais pour cela il n'y avait pas un moment à perdre et il me fallut abandonner tout ce que je possédais à l'hôtel. De cela je m'inquiétais peu ; je n'avais
pour le moment qu'un objectif : échapper à la mort ;
il serait toujours temps d'aviser pour le reste. Avec
de la santé et deux bras qui ne demandent qu'à travailler, on arrive toujours à se tirer d'affaire.

Je manifestai à mon compagnon le désir que
j'avais d'embarquer sur ce navire que nous avions
devant nous. Il me démontra tous les empêche-
ments qui s'opposaient à l'accomplissement de mon
projet et chercha à m'en dissuader. Je n'en voulus
rien entendre et le suppliai de me conduire à bord,
lui déclarant que, s'il accédait à mon désir, je lui
faisais l'abandon de tout ce que je possédais à
l'hôtel. Cette promesse le décida, et il me porta
dans sa baleinière.

Restait la partie la plus délicate de l'entreprise. Il
était de la dernière évidence, et je m'en rendais bien
compte, que, dans l'état où j'étais, sur aucun bateau
on ne m'aurait accepté comme passager, même en
donnant une forte somme ; à plus forte raison
j'étais certain d'éprouver un refus puisque j'étais
sans argent. Il fallait donc agir de ruse ; aussi quand
mon compagnon me demanda comment je m'y
prendrais pour monter l'échelle de commandement,
mon plan était dressé et je le lui expliquai. Au lieu
de monter par l'échelle, unique voie d'accès pour les

passagers, il fut convenu que je m'introduirais sur
le bateau par l'autre bord.

L'Italien me cacha sous la levée de l'avant de son
canot et me recouvrit avec une toile à voile, dans le
but de me dissimuler aux regards quand il con-
tournerait le navire. Sa tâche était difficile, et il
lui fallait agir avec la plus extrême circonspection,
avoir l'air de se promener, sans chercher à accoster
le paquebot, car un canot qui tourne autour d'un
navire est vite remarqué, et c'était ce qu'il fallait
éviter à tout prix, sous peine de voir l'entreprise
échouer misérablement.

La baleinière passa au large du steamer ; après
s'être assuré de n'avoir pas été remarqué et que tout
le personnel était sur l'autre bord, mon compagnon
vira subitement et, à force de rames, revint sur le
navire. Arrivé le long de la coque, il reprit haleine,
écoutant et regardant anxieusement s'il n'allait pas
voir surgir quelque matelot dans la mâture.

Par un heureux hasard, le pont du navire était
couvert de balles de coton dépassant de beaucoup la
hauteur de la lisse. N'entendant ni ne voyant rien
de suspect, l'Italien me fit sortir de ma cachette. Je
tremblais d'être découvert. Il fallait maintenant
monter à bord, et m'y cacher jusqu'au départ ; le
navire une fois en marche, les officiers n'auraient
pas la cruauté de me faire jeter à la mer, et l'on me
garderait jusqu'à la première escale, Valparaiso.

L'Océan était calme, la baleinière ne pouvait cla-
poter sur le flanc du paquebot ; nous pouvions donc
opérer en toute sécurité, à condition toutefois d'ob-
server le plus profond silence.

L'Italien me prit dans ses bras vigoureux, monta sur la banquette du canot et m'éleva à la hauteur de la lisse; mes mains décharnées et fiévreuses s'emparèrent d'une manœuvre, et, à ce moment, mon sauveur me donna une énergique poussée qui m'envoya rouler entre deux balles de coton. L'effort que je venais de faire m'avait épuisé; un nuage passa devant mes yeux et je m'évanouis.

Quand je revins à moi, le jour commençait à poindre.

Je sentais le navire trépider sous les coups de pistons de sa formidable machine. L'air pur et vif de la mer me fouettait agréablement le visage, et je respirais à pleins poumons. Au large, bien loin, l'astre du jour, ainsi qu'un disque d'or semblant émerger des profondeurs de l'Océan, n'allait pas tarder à embraser l'espace.

J'entendis le tintement de la cloche appelant les hommes prenant le quart de 4 à 8 heures du matin.

Ainsi j'avais passé une grande partie de la journée et la nuit en complète léthargie et j'avais pu échapper à tous les regards. Ce long repos; l'air pur et vivifiant que je continuais à respirer avec délices, l'espoir d'échapper à la mort, tout cela avait produit en moi une réaction qui me fut plus salutaire que tout ce que j'avais pu essayer à Ancon. J'étais sauvé, je le sentais bien; ma faiblesse était moins grande, et, chose qui ne m'était pas arrivée depuis longtemps, j'avais faim; j'eus la sensation de m'échapper d'un long et pénible cauchemar. Le soleil acheva de me tirer de mon engourdissement. Avec la compréhension plus nette de ma situation les soucis revinrent en foule m'assaillir. Comment allait-on prendre mon intrusion à bord! Les formalités d'embarquement sont très rigoureusement fixées par les règlements maritimes, et la façon dont je les avais éludées n'allait probablement pas m'attirer des compliments, de la part de l'équipage et surtout des officiers responsables, auprès du commandant, de leur défaut de surveillance.

Depuis longtemps déjà les matelots étaient occupés au lavage du pont; cette corvée terminée, j'allais être inévitablement découvert; je devais au désarroi qu'amène toujours un appareillage la chance de n'avoir jusqu'ici échappé à tous les yeux. J'étais très perplexe, on le comprendra facilement; pourtant il me fallait prendre un parti, et sortir de ma tanière.

Je m'armai de courage et me hissai sur les balles de coton. Les matelots étaient en train d'essuyer. Lorsque je fus aperçu, ce n'est plus de l'étonnement qui se manifesta sur le visage de tous ces hommes, mais de la stupéfaction, un tel ahurissement qu'en toute autre circonstance je serais certainement parti d'un violent éclat de rire.

Chacun se demandait évidemment par où, quand et comment je m'étais introduit à bord, et, ne pouvant trouver de réponse satisfaisante, on avait quelque peu l'air de me considérer comme un phénomène.

Le maître d'équipage se ressaisit le premier et, se dirigeant vers moi, regarda l'endroit d'où je sortais et s'assura que j'étais seul. Puis, me toisant de la tête aux pieds, il me questionna. Je ne connais pas

assez l'anglais pour tenir une conversation, mais je
compris fort bien qu'il me demandait qui j'étais,
d'où je venais, et si j'avais un billet de passage.
Devant mon mutisme, il me saisit par le bras et me
conduisit au commandant, qui venait de monter sur
la dunette. Il lui expliqua comment j'avais été
découvert, et lui demanda ses instructions à mon
égard.

Me sentant le point de mire des regards des officiers et de l'équipage, j'étais tout décontenancé.
Pourtant, faisant appel à toutes les ressources de
mon maigre répertoire d'anglais, j'allais essayer de
répondre aux questions qui m'avaient été posées,
lorsque le second, qui n'avait pas cessé de m'ob-
server, intervint et expliqua au commandant que
j'étais un matelot français, de la marine marchande;
que, visiblement, je venais de faire une grave maladie, et que pour échapper à une mort certaine, je
m'étais rendu à bord en cachette trompant la surveillance des officiers. Le commandant ordonna au
maître d'équipage de me mettre avec les mécaniciens, pour essuyer et nettoyer la machine. Cette
décision me rendit tout heureux; décidément, tout
allait pour le mieux, et l'aventure se terminait beaucoup mieux que je ne l'avais craint.

Je me mis au travail avec ardeur.

Je prenais le quart comme les autres matelots;
après quatre heures de travail, j'avais quatre heures
de repos; ils m'acceptèrent à leur table, où je rece-
vais la même ration qu'eux. Le maître d'équipage me
donna une couchette parmi les passagers de pont.
Je restai huit jours à bord. Pour manifester ma gra-

titude, et, aussi, je dois l'avouer, un peu par chauvi-
nisme, — car, seul de Français au milieu de tous
ces Anglais, je tenais à échapper à toute critique qui
aurait pu être faite sur mon compte et ma nationalité — pendant ces huit jours, je travaillai avec une
ardeur dont je me serais parfaitement cru incapable
à la suite de la terrible maladie à laquelle je venais
d'échapper, pour ainsi dire miraculeusement. Il faut
croire que je réussis à contenter tout le monde, car
je n'eus aucun reproche à subir, ni de mes chefs, ni
de mes collègues.

CHAPITRE XVIII

A bord de la « Flamenco ». — Les Frères de la côte

Lorsque l'*Illimani* mouilla dans la baie de Valparaiso, le capitaine d'armes vint me signifier de la part du commandant, d'avoir à me préparer à descendre à terre.

Après force poignées de main à tous ceux qui avait été si bons pour moi, je pris place dans la baleinière d'un Chilien que je reconnus pour être un ami de M. Louis, le pompier français, dont il m'apprit la mort ; ce brave et digne homme s'était noyé au large, dans la baie de Valparaiso ; on ne retrouva que sa baleinière chavirée, avec une grande partie des bordages déchirés ; son cadavre, que l'on a cherché en vain, avait assurément été la proie des requins.

La destinée devait une meilleure fin à cet excellent cœur.

Je rendis visite à mon ami Flotté, qui était toujours à bord d'un navire de guerre chilien ; il se trouvait, me dit-il, le plus heureux des hommes.

Après quelques jours de repos à l'hôtel Mathieu, je trouvai du travail à la construction des quais, pour une compagnie anglaise qui avait l'entreprise des travaux du port. J'étais occupé à ces travaux depuis plusieurs semaines, quand un jour on vint me demander si je voulais accepter le poste de maître charpentier à bord d'un trois-mâts à voiles chilien, la *Flamenco*, qui était en partance pour la Sonde de Fuca, près de Vancouver, point terminus de la grande voie ferrée transcanadienne. Le voyage était très long et ne devait pas demander moins de trois mois.

Les pénibles épreuves par lesquelles je venais de passer auraient dû me rendre circonspect, et un peu hésitant. Je n'eus même pas une seconde d'hésitation, et j'acceptais d'enthousiasme.

Est-ce que la fatigue, les misères de toutes sortes, fatalement inséparables de si longs voyages, pouvaient entrer en balance, — assoiffé, dévoré que j'étais par cette rage de voir quand même et malgré tout, — avec l'attrait de visiter ces immenses forêts de l'Amérique du Nord dont j'avais si souvent entendu parler, et qui sait, peut-être vivre près des naturels de ces contrées, restés presque à l'état sauvage ?

Dans toutes les marines marchandes étrangères, le charpentier est considéré à bord comme sous-officier; il est l'égal du maître d'équipage et a, comme lui, sa cabine en dehors du poste des matelots. Tous deux prennent leurs repas à la table du capitaine et du second.

Quel contraste en toutes choses avec ce qui se passe dans la marine marchande française! Aussi le nombre des marins français qui désertent dépasse-t-il de beaucoup celui des autres nationalités.

Grande fut ma surprise quand, l'heure du repas sonnée, le maître-coq vint nous dire, au maître d'équipage et à moi, de nous rendre à la table du capitaine, où nos deux couverts étaient mis. Tout d'abord je fus quelque peu gêné, mais la bonne grâce avec laquelle j'étais accueilli me mit bientôt à mon aise, et, au bout de quelques jours, toute contrainte avait disparue.

Nous avions bonne table. Le maître-coq, un Chinois, d'une propreté méticuleuse, connaissait bien son métier et s'en acquittait avec une conscience digne d'éloges.

Le voyage commençait bien, le temps était magnifique. Les voiles de la *Flamenco*, constamment gonflées par une légère brise, sans aucun pli ni mouvement de ralingue, semblaient être de bois. Jamais l'océan Pacifique n'avait pu paraître plus digne de son nom.

La *Flamenco* était un vieux trois-mâts-barque à voiles de 1.800 tonnes, qui avait été construit en France sur les chantiers de La Seyne, ou de La Ciotat, entre Toulon et Marseille. Son port d'attache avait été cette dernière ville. Après une trentaine d'années de pénible navigation dans les mers du Sud et sur les rives du Gange, il fut reconnu un jour, à Valparaiso, incapable de doubler le périlleux cap Horn, et mis à la retraite comme un brave serviteur.

Une compagnie chilienne l'acheta pour faire les côtes du Pacifique et aller prendre chargements de bois dans les immenses forêts de la Sonde de Fuca.

C'est en faisant l'inspection de la mâture que j'avais découvert l'origine de ce vieux trois-mâts.

A cheval sur la fusée de la grande vergue, mes yeux tombèrent tout à coup sur l'inscription suivante gravée dans le bois : « EDMOND, de Marseille à Buenos-Ayres et Valparaiso, 1868 ». La grande hune était couverte de noms de matelots de Provence.

Nous devions faire escale à Antofagasta, port de la Bolivie à cette époque, et pour lequel nous avions quantité de marchandises. Depuis la dernière guerre victorieuse du Chili, la Bolivie ne possède plus aucun port et Antofagasta est chilien.

L'équipage de la *Flamenco* était ainsi composé. Le capitaine, ancien maître d'équipage français en désertion, qui au fond, devait bien être surpris de sa nouvelle condition, acquise au bout de quelques années de navigation à l'étranger, car en France, eût-il vécu et navigué mille ans qu'il ne serait jamais arrivé à commander un navire;

Le second était un Espagnol;

Le maître d'équipage, un Anglais;

Le maître charpentier, votre serviteur, un Français;

Le maître-coq, un Chinois;

Et douze matelots, quatre Chiliens, deux Péruviens, deux Brésiliens, un Portugais, trois Italiens, gens à mine patibulaire, mais types de ce que dans la marine on appelle *des frères de la côte*, c'est-à-dire des gens navigant avec toutes les nationalités, s'engageant sur un navire quelconque sans avoir recours à l'inscription maritime. Lorsqu'ils ont fait une bonne campagne, ce qui leur arrive fréquemment, car à l'étranger la paye est beaucoup plus élevée que dans la marine française, ils débarquent et se mettre en bordée pour saigner le magot.

Quand leur escarcelle est vide, l'hôtesse du *Sailors' Home* leur cherche un nouvel embarquement; si c'est pour un voyage au long cours, ils touchent trois mois d'avance, un mois seulement quand c'est pour un voyage au cabotage, dont la durée n'excède pas généralement trois mois.

Si les douze matelots de la *Flamenco* payaient peu de mine, je dois dire à la vérité que c'étaient des matelots accomplis, durs à la fatigue et adroits à la manœuvre.

C'étaient la première fois que je me trouvais parmi un équipage si diversement composé au point de vue des nationalités.

L'un des matelots chiliens était un vérirable colosse, doué d'une force herculéenne. Un jour, mécontent de la cuisine du Chinois, il s'empara du plat contenant, pour une moitié de l'équipage, soit six hommes, une ration de haricots qui malgré la patience du *Céleste*, n'avaient pas voulu, et ce nonobstant une cuisson prolongée, se laisser *attendrir*.

Arrivé à la cuisine, le Chilien, sans dire un mot, coiffa du malheureux plat de haricots le cuisinier, qui était loin de s'attendre à une douche de cette nature, et qui, atrocement brûlé, se mit à pousser de véritables hurlements.

Pourtant il se dégagea vivement, et, s'essuyant à la hâte la tête et le visage, il s'empara d'un énorme couteau de cuisine et se lança à la poursuite du Chilien. Celui-ci, voyant que l'affaire tournait mal, battit en retraite précipitamment, et, se sentant

serré d'un peu près, se saisit d'une barre d'aspect
et en asséna un coup violent sur la tête de son adversaire qui, s'il n'eût fait un bond de côté, aurait eu
infailliblement le crâne brisé. Pourtant, l'épaule fut
atteinte, et si durement, que le malheureux Chinois
chancela un moment.

Rendu fou de douleur et de rage, il se précipita sur
le Chilien et un terrible corps à corps s'engagea, qui
aurait probablement eu une issue fatale si, attirés par
le bruit, le capitaine, le second et le maître d'équipage n'étaient intervenus et n'avaient donné ordre de
s'emparer du Chilien et de le mettre aux fers. Ce
fut à grand'peine que tous les matelots parvinrent à
maîtriser le terrible Chilien et à lui passer la barre de
justice aux pieds. Dès l'arrivée à Antofagasta, le
capitaine, craignant cet homme, le fit débarquer et
le livra comme révolté à bord aux autorités locales.

Les chalands devaient venir le lendemain matin
pour enlever toute la cargaison, et l'après-midi, le
capitaine nous donna la permission, au maître d'équipage et à moi, d'aller à terre.

Antofagasta n'offre rien de bien intéressant. C'est
une toute petite ville, composée de trois ou quatre
étroites rues mal alignées, malpropres, où la poussière épaisse vous brûle les pieds. On remarque seulement quelques maisons dont le rez-de-chaussée,
chose assez rare dans ces contrées, est surmonté
d'un étage, et plusieurs dépôts de charbons et minerais, le tout horriblement sale. Quelques Chinois ont
installé des établissements où ils débitent du whisky
aux indigènes et aux matelots qui débarquent.

CHAPITRE XIX

Révolte à bord. — La Sonde de Fuca

Le repas du soir terminé, le maître d'équipage et moi quittâmes la chambre pour regagner chacun notre cabine.

En passant sur le pont, je vis un matelot perforer une pièce de vin qui se trouvait près du grand panneau, remplir le grand bidon à ration et regagner le poste de l'équipage.

J'eus l'air de ne rien voir. C'était peut-être la première fois et ce serait sûrement la dernière, toute la cargaison de la *Flamenco* étant destinée à Antofagasta, et devant être débarquée le lendemain.

Lorsqu'un navire est mouillé dans un port, les hommes de l'équipage font chacun une heure de quart pendant la nuit, dans le but d'empêcher l'approche du bord de toute embarcation étrangère.

Le maître charpentier ou le maître d'équipage, suivant le tour, est réveillé par l'homme qui prend le quart à minuit et doit s'assurer que le service se fait régulièrement, et qu'il n'y a rien d'anormal dans la chaîne ou les grelins qui sont amarrés aux bouées ou à quai.

Le service de quart, qui commençait à dix heures, avait été commandé par le maître d'équipage, et c'était mon tour de faire la ronde de nuit.

A dix heures, les hommes étant rentrés dans le poste, le matelot de quart restait absolument seul sur le pont.

Ce que j'avais vu m'avait mis la puce à l'oreille et je ne pus m'endormir. Subitement, j'entendis comme un bruit de lutte mêlé de jurons et de cris étouffés.

Je saute à bas de ma couchette et sors vivement de ma cabine. Je suis nu-pieds, grande est ma stupéfaction de sentir le pont tout mouillé. D'où cela peut-il provenir? Pas du charnier contenant l'eau douce évidemment, car, tout le monde étant à la ration, il est soigneusement fermé avec un solide cadenas. Cependant un petit bruit de fontaine frappa mon oreille, et, me baissant du côté d'où vient ce bruit, je découvre la cause de cette humidité intempestive; trois barriques ont été perforées et le vin s'en échappe à jet continu. Je devine sans peine ce qui se passe : non seulement l'homme de quart n'a pas appelé quand il a vu ses compagnons perforer les barriques, mais encore il a abandonné son poste pour aller boire avec eux.

Je me dirige sans bruit vers le roufle, dont la porte est restée grande ouverte, et là un dégoûtant spectacle s'offre à mes yeux; un grand nombre de bougies ont été allumées, plusieurs fichées sur la table, d'autres collées sur le bord des couchettes. Sur la table se trouve un baril de rhum enlevé à la cargaison; au moyen d'une vrille il a été percé et son contenu coule sur la table et de là sur le plancher. Au milieu du poste, quelques hommes se battent à coups de couteau. Assis sur le bord de leurs couchettes, les autres, abominablement ivres, restent spectateurs de cette lutte sauvage, distribuant imperturbablement l'éloge ou le blâme.

Là situation est très grave. Non seulement il y a tout à craindre d'un équipage plongé dans un tel état d'ivresse, mais un autre danger, bien plus terrible, nous menace ; qu'une bougie allumée tombe sur une couchette ou sur la table, ou bien encore sur le plancher inondé de rhum, et la *Flamenco* va infailliblement devenir la proie des flammes. Nous ne sommes pas assez nombreux pour venir à bout d'un incendie et il ne faut pas oublier que la cargaison du navire est en grande partie composée de matières au plus haut degré combustible. Il n'y a donc plus un instant à perdre pour éviter une catastrophe.

Je cours à ma cabine, je passe vivement mon pantalon et je prends dans mon coffre mes deux revolvers, que je charge. Puis, toujours courant, je me rends à la cabine du maître d'équipage, je le réveille et cherche à lui expliquer ce qui se passe. Le bruit de la lutte qui lui parvient et la vue de mes armes font plus que mes explications. En un clin d'œil, il passe son pantalon, prend et charge ses revolvers et se précipite chez le second. Pendant ce temps je prends un fanal, je l'allume, et les pieds dans le vin, j'attends leur retour avec anxiété. Mon attente n'est pas de longue durée, et tous les trois, en bras de

chemise, nous nous dirigeons sans bruit vers le
roufle. Il faut agir prudemment, et surtout vivement
en jetant l'épouvante dans le poste, car nous ne
sommes que trois contre onze, tous armés de couteaux à gaine, et, si nous leur laissons le temps de
se ruer sur nous, nous sommes perdus.

Le second rentre précipitamment dans le poste et
tire trois coups de revolver dans la direction du petit
châssis qui donne sur la coursive. Les balles vont se
perdre dans la mer. Epouvantés par ces détonations
imprévues, les matelots se précipitent vers leurs couchettes pour s'y cacher. Le maître d'équipage et moi
profitons de leur panique pour nous emparer de
leurs couteaux qu'ils ont laissés sur la table et des
barres d'anspect qui traînent un peu de tous les
côtés.

A ce moment, le capitaine fait son apparition à
l'entrée du roufle. Les détonations l'ont réveillé. Un
simple coup d'œil jeté sur la scène qu'il a sous les
yeux le fixe suffisamment pour qu'il se dispense de
nous demander la moindre explication. Il se dirige
vers un des matelots, et, le saisissant à la gorge,
dans le but d'effrayer les autres, il lui applique une
vigoureuse paire de soufflets ; puis il nous commande
d'enlever ce qui reste de vin ou de rhum, les bougies et les allumettes, et, ses ordres exécutés, il nous
fait barricader le roufle en dehors.

Ces précautions prises, nous passons, à l'aide de
mon fanal, la revue des pièces de vin qui sont sur le
pont.

Trois seulement sont perforées, et, les faussets
n'ayant point été replacés par les matelots surpris

par l'ivresse, ces trois pièces sont presque vides. Il
est relativement heureux que l'ivresse se soit emparée si vite de ces hommes et les ait empêchés de
continuer de rechercher les meilleurs crus, car toutes
les pièces perforées auraient infailliblement eu le
même sort.

Le lendemain matin, le capitaine, satisfait de ma
conduite, me complimenta, et mon nom fut inscrit
sur le journal du bord.

Le capitaine aurait bien voulu se débarrasser de
l'équipage en le mettant entre les mains de la justice
maritime, mais, dans l'impossibilité de se procurer
les hommes nécessaires dans un port de si peu d'importance que celui d'Antofagasta, force lui fut de ne
rien dire et de maîtriser sa juste colère. Il donna
l'ordre de laisser les matelots cuver leur vin, et de
ne leur ouvrir que sur leur demande, leur laissant
ainsi le loisir de méditer sur les conséquences de
leur équipée.

Vers neuf heures, comme plusieurs chalands
venaient d'accoster le navire et attendaient leur chargement, un des hommes de l'équipage passa la tête
par le carreau cassé du châssis et demanda à sortir.

Le capitaine, aussitôt prévenu, arriva et donna
l'ordre de décondamner la porte du roufle. Un à un,
tout penauds, les yeux baissés, les matelots sortirent
du poste et défilèrent devant le capitaine sans oser
répondre à ses questions : tous se rendirent au mât
de charge pour le remettre en manœuvre, ainsi que
les treuils, et exécutèrent tous les ordres du maître
d'équipage sans proférer une parole.

Voyant le repentir et la bonne volonté de ses

hommes, le capitaine passa sous silence ce qui s'était passé la nuit.

Après un travail assidu, acharné, trois jours après, la *Flamenco* n'ayant plus de marchandises à bord, prit du galet comme lest, et, après avoir largué ses voiles carrés, cingla au large, dans la direction des îles Marquises pour chercher les vents alizés et prendre la direction de l'île de Vancouver.

Enfin, après une heureuse navigation de près de deux mois, un beau matin, après le lavage du pont, nous apercevions les côtes et l'embouchure de la mystérieuse Sonde de Fuca.

L'entrée de cette Sonde a environ quatre à cinq lieues de large et elle pénètre très loin dans l'intérieur de l'État d'Orégon. Ses rives sont bordées de hautes montagnes couvertes d'énormes sapins atteignant des hauteurs prodigieuses.

Sans diminuer sa voilure, la *Flamenco* entre majestueusement dans les eaux de la Sonde. Nous sommes seuls dans ces parages; aucun navire, aucune embarcation n'est en vue. La mer est calme et le ciel est splendide.

Réunis sur le gaillard d'avant, nous sommes comme en extase devant le splendide panorama qui s'offre à nos yeux.

Çà et là, d'énormes troncs d'arbres, semblant avoir été déracinés par quelque cataclysme, flottent sur les eaux tranquilles.

Sur son passage, la *Flamenco* sème l'épouvante parmi de nombreuses troupes de gros oiseaux aquatiques qui s'enfuient à tire-d'aile en poussant des cris plaintifs.

Tout à coup, au loin, paraît un vapeur, laissant échapper de ses deux hautes cheminées deux longs panaches de fumée.

A cette muette question posée par nos regards interrogateurs, le capitaine répond en nous annonçant que c'était un bateau postal, venant de Vancouver, Victoria et Olympia, trois villes distantes les unes des autres de quelques lieues seulement, et se rendant précisément là où nous allons, c'est-à-dire à *Port-Gamble* et à *Madison*.

Au sortir de l'affluent, le bateau se dirige effectivement dans notre direction. Il bat pavillon anglais. C'est un bateau à roues, à deux étages, dans le genre de ceux qui sillonnent le Saint-Laurent. Les roues sont actionnées par une machine à balancier.

Le soir même, nous arrivons à Port-Gamble et nous amarrons notre navire au *wharf*, autrement dit au quai, tout près du bateau postal anglais.

Ce qui frappe tout d'abord, en arrivant dans ce port sans maisons, ce sont d'immenses piles de bois sciés à la machine, parfaitement empilés sur le bord de la rivière et prêts à être embarqués sur les navires à voiles. A perte de vue s'étendent ces piles, qui sont symétriquement alignées.

Sitôt qu'un sapin est divisé à la scierie, il est amené au wharf au moyen d'un petit chemin de fer Decauville. Ce sont encore des Chinois qui sont chargés de ce travail.

Les déchets, écorces, bosses, etc., ne pouvant être utilisés, sont jetés dans de vastes brasiers, pour ne pas obstruer le passage des wagonnets chargés de beaux bois de charpente et de menuiserie. Plusieurs navires à voiles sont amarrés à un autre wharf non loin du nôtre.

Quelques maisons en bois sont disséminées sur l. versant de la montagne, entre autres un bar. Le bar, ici, est une espèce de magasin où se vend à peu près tout ce qui est nécessaire aux ouvriers Européens ou Chinois occupés dans les nombreuses et importantes scieries établies dans les forêts.

CHAPITRE XX

Vers les scieries

Le soir même de notre arrivée, deux matelots de la *Flamenco*, deux Chiliens, me firent la proposition de quitter le bord vers 2 heures du matin pour nous rendre à Sibec, où se trouve un établissement beaucoup plus important que celui de Port-Gamble. Neuf lieues nous en séparent, et il faut faire la route à pied, à travers la forêt, où il n'existe aucun sentier indiquant la route à suivre. J'hésite un peu, mais lorsque j'apprends que l'un des Chiliens a déjà fait ce chemin et travaillé à Sibec, et que nous avons comme guide un fil télégraphique, tendu à une hauteur de 8 mètres et reliant les deux ports ainsi que Madison, je n'hésite plus et c'est avec une véritable joie d'enfant que j'accepte la proposition qui m'est faite.

Il est convenu que l'un des deux Chiliens, prenant le quart à 2 heures du matin, viendra nous réveiller et que nous partirions tous trois ensemble.

Impossible de m'endormir : Neuf lieues à faire à

pied... à travers la forêt... le salaire accordé par la scierie de Sibec... la manière de vivre... les Indiens « Têtes-Plates »... etc., tout cela danse dans mon pauvre cerveau une sarabande infernale. Enfin j'entends sonner le quart de 2 heures sur tous les navires amarrés à Port-Gamble... excepté sur la *Flamenco*. J'attends avec anxiété qu'on vienne frapper à la porte de ma cabine. Je suis prêt à partir au premier signal; j'ai pris le linge de rechange, ma meilleure paire de chaussures, ainsi que mon meilleur vêtement, ne voulant pas trop me charger pour faire une si longue route à pied.

J'ai chargé mes deux revolvers et rempli un petit sac de cartouches. Cependant rien ne vient, et je commence à être inquiet. Que se passe-t-il ? Bah ! mes deux gaillards se sont endormis. Pourtant, c'est invraisemblable, car celui qui prend le quart à 2 heures a dû être réveillé par le matelot quittant le dernier quart à 1 heure. Je veux en avoir le cœur net, et, à pas de loup, je me dirige vers la porte de l'équipage. La nuit est magnifique, le ciel constellé de myriades d'étoiles. A terre comme à bord, règne le silence le plus absolu.

Dans le poste, après le dur labeur de la journée (déchargement du lest), les hommes sont plongés dans le plus profond sommeil.

J'étends la main dans la couchette de l'un de mes Chiliens : elle est vide. Je vais à l'autre : elle est vide également.

La sueur me perle aux tempes, et je suis sur le point de laisser échapper un cri. Cependant je me ressaisis et, croyant m'être trompé dans mes recher-

ches, je frotte une allumette... ma dernière illusion
s'envole, les deux couchettes sont vides, et, à côté,
sont leurs coffres, qu'ils n'ont pu emporter, grands
ouverts et vides aussi.

Je reste abasourdi par le coup imprévu qui me
frappe. Adieu les beaux projets, car se risquer seul
dans ces profondes forêts serait une véritable folie.
Pourtant la tentation est violente, il fait un magnifique clair de lune, et je distingue fort bien le petit
sentier rapide qui conduit au sommet de la montagne, à l'endroit où passe le fil télégraphique, de
plus, mes deux Chiliens ne peuvent être bien loin,
et, en forçant un peu le pas, j'ai des chances de les
rejoindre bientôt.

Je tombe dans un abîme de réflexions. Il faut cependant que je prenne une décision : d'un moment
à l'autre je puis être surpris par un officier ou un
matelot, et en me voyant avec mon petit paquet
bien amarré sur le dos, il ne sera pas difficile de
deviner mes intentions. C'en est fait, au petit bonheur! l'esprit d'aventures prend le dessus, et, me
glissant furtivement à travers les piles de bois, je
gagne le petit sentier, je le gravis prestement, et,
vingt minutes après, tout essoufflé, je suis au sommet de la montagne.

Là, je reprends haleine et j'écoute. Rien ne trouble
le profond silence de la nuit, rien que le bruissement
mélancolique des hauts sapins agités par la brise.

Mes deux Chiliens ne peuvent être bien loin de
moi, car il est matériellement impossible à quiconque de pénétrer la nuit dans les sombres profondeurs
de ces vastes forêts.

Je prends le parti de m'allonger à terre et de prendre quelques instants de sommeil en attendant le petit jour.

Quand je me réveille, il est déjà grand jour ; je me lève vivement.

Quoique invisible, caché qu'il est par les masses profondes de la forêt, le soleil éclaire déjà les collines et l'immense et profonde Sonde de Fuca qui, à mes pieds, n'a plus l'air que d'une petite rivière sur laquelle sont épars quelques navires d'apparence minuscule.

Je prends un biscuit dans mon sac et, tout en le grignottant, je cherche le fil télégraphique ; il est là tout près. Je n'ai donc qu'à le suivre.

Quel spectacle grandiose ! quel mystérieux et imposant silence ! je me sens comme un atome au milieu de ces arbres géants, droits comme des mâts de navire, complètement dépourvus de branches jusqu'à leur sommet, et si serrés les uns contre les autres, qu'une distance de deux ou trois mètres, quelquefois réduite à un mètre seulement, les sépare.

Pour ne pas m'égarer, je suis obligé de regarder constamment en l'air, car les isolateurs de porcelaine qui supportent le fil télégraphique sont cloués aux arbres à une hauteur de 6 à 8 mètres.

Cette attitude n'est pas favorable à la marche, et je ne suis pas long à m'en apercevoir. De plus, le biscuit que j'ai mangé m'a procuré une soif que je n'ai aucun moyen de satisfaire ; il est relativement heureux pour moi que le soleil ne puisse traverser l'épais dôme de feuillage de la forêt, car ma situation deviendrait alors tout à fait critique.

J'active ma marche dans le secret espoir de rattraper enfin mes deux Chiliens. A ce moment je me trouve en face d'un buisson si épais que je n'hésite pas à le contourner pour gagner du temps. Au bout de quelques minutes de marche, arrivé de l'autre côté du malencontreux fourré, j'ai beau chercher, plus de fil ! L'épouvante me saisit, je me crois perdu. Lentement je fais à rebours, aussi exactement que possible, le chemin que je viens de parcourir.

Au bout d'un quart d'heure d'angoissantes recherches, un quart d'heure qui me semble une éternité ! je retrouve enfin le bien heureux fil, et, bien décidé à ne plus l'abandonner, je me lance à corps perdu au milieu du buisson, le revolver en main, dans la crainte de quelque rencontre désagréable. Le sol est couvert d'une épaisse couche de feuilles mortes qui amortit le bruit de mes pas ; aussi, à chaque instant, je me retourne, je pourrais être certes facilement surpris, aucun bruit ne signalant la marche d'un ennemi, de quelque nature qu'il soit, homme ou bête.

J'éprouve subitement une grande joie : au milieu du fourré dont je viens de parler, des branches fraîchement cassées indiquent à n'en pas douter qu'il n'y a pas longtemps qu'on est passé là, un peu plus loin, je ramasse une baguette dont on a enlevé les feuilles pour en faire une canne. Je suis évidemment peu éloigné des Chiliens, que je désespérais presque d'atteindre, car il y a déjà quatre heures que je marche, ainsi que je le constate à ma montre, et j'ai dû faire au moins cinq lieues.

Cette découverte me redonne toute mon énergie, et je redouble de vitesse. Cet effort est bientôt récompensé, car, à environ trente mètres devant moi, je découvre à travers les branchages des arbres mes deux gaillards, marchant d'un bon pas sans tourner la tête.

La fatigue, le dépit que m'avait causé leur indélicate façon d'agir à mon égard, tout cela est oublié en ce moment, tant je suis heureux. Je me mets à courir, et, au moment où je suis sur le point de les atteindre, ils se retournent et me reconnaissent. Ils me serrent chaleureusement la main, et, tout en marchant, ils m'expliquent pourquoi ils ne m'ont pas réveillé : au dernier moment, ils ont eu peur que je les dénonce et ils ont avancé l'heure de leur fuite. Ma situation de sous-officier à bord et mes bonnes relations avec le capitaine depuis l'affaire d'Antofagasta justifient amplement leur crainte, je suis bien forcé d'en convenir, et puis, je le répète, je suis si content que je passe volontiers un sérieux coup d'éponge sur ce qui vient de se passer ; de leur côté, mes deux Chiliens paraissent enchantés de s'être trompés sur mon compte.

Après une heure de marche, celui qui était déjà venu dans ces parages nous annonce que nous n'allons pas tarder à rencontrer un grand bras de rivière qu'il nous faudra traverser. Un Indien, possesseur d'une pirogue, habite une baraque en bois sur le bord de cette rivière.

Effectivement, quelques instants après, nous apercevons la rivière, et, sur le seuil de sa mauvaise cabane, l'Indien est occupé à raccommoder des filets de pêche.

6

remarquer que la rivière est d'une excessive profondeur.

Mais notre Indien pagaye avec une admirable adresse, et la traversée s'accomplit sans encombre, ce qui ne m'empêche pas de pousser un vigoureux « ouf! » de satisfaction quand nous accostons. L'émotion a été si forte que j'en ai oublié ma soif; le danger passé, je ne quitte pas la rivière sans vouloir amplement me désaltérer, mais, malheureusement, l'eau est saumâtre! Je me contente de me rincer la bouche ainsi que mes collègues.

Je pense alors à examiner notre passeur, qui, sans même nous regarder et sans nous adresser un mot ou un signe de remerciement, se dispose à regagner l'autre rive. Oh! l'affreuse créature! et quel bel exemple à donner à ceux qui nous affirment que l'homme descend du singe! Figurez-vous une face bronzée plate comme une planche, surmontée d'une épaisse toison de cheveux, noirs comme du jais et épais comme du crin, qui retombent par mèches sur le visage.

Le nez est également si plat qu'il paraît rentré dans le visage, ce qui donne à l'ensemble quelque chose de simiesque, absolument repoussant. Pas besoin d'être grand clerc pour deviner que c'est là un spécimen de ces fameux Indiens « Têtes-Plates » dont j'ai si souvent entendu parler. Ceux-là au moins justifient leur nom. Je me suis laissé dire que tous les Indiens de ces contrées ont l'habitude de déformer artificiellement le crâne des enfants. C'est très possible, et pour mon compte je me refuse à croire que la nature se laisse aller d'une façon suivie

à des aberrations comme celles qui caractérisent les
hideux « Têtes-Plates ».

Après avoir roulé chacun une cigarette, nous nous
remettons joyeusement en route.

Deux heures plus tard nous sortons de la forêt;
ce nous est un sensible plaisir de quitter ses sombres profondeurs et de marcher en pleine lumière,
sous le beau ciel bleu.

Nous commençons à apercevoir un épais nuage
de fumée, ce sont les déchets de bois que l'on brûle
dans les alentours de la scierie.

Mes compagnons me demandent l'heure pour sa-
voir si nous arriverons avant la fin de la journée
des hommes employés à la scierie. Je consulte ma
montre; il est 4 heures, nous avons donc mis plus
de dix heures à parcourir les neuf lieues qui séparent Port-Gamble de Sibec.

Enfin nous revoyons la rivière, le bras principal,
que nous n'avions plus aperçu depuis notre départ
de Port-Gamble.

Trois navires à voiles, chargés de bois, finissent
d'en arrimer sur le pont jusqu'à la hauteur de trois
et quatre mètres au-dessus de la lisse.

Le port de Sibec ressemble à s'y méprendre à
celui de Port-Gamble. Aux alentours, une trentaine
de maisons en bois, et un vaste bar, abondamment
pourvu de tout ce qui est nécessaire à la vie : chaussures, vêtements, linge, quincaillerie, toutes espèces
d'outils, armes, poudre, conserves alimentaires,
épicerie, etc., etc. Comme c'est le seul établissement
de ce genre, il n'y avait pas à choisir, et, comme je
le disais tout à l'heure, les salaires étant assez élevés,

les affaires de ce bar doivent certainement atteindre un chiffre respectable.

Notre guide chilien, qui connaît parfaitement les êtres, nous prie de l'attendre et entre dans la grande scierie pour parler au *bossman* (contremaître).

Quelques minutes après il vient nous chercher et nous présente au chef, qui nous accepte pour commencer le lendemain.

Notre Chilien nous conduit alors dans une espèce de *Sailors' Home* et souhaite le bonjour à la maîtresse de l'établissement qui le reconnaît aussitôt. Quelques matelots américains sont attablés devant des bouteilles de genièvre. L'hôtesse nous invite à nous mettre aussitôt à table et nous sert un copieux repas auquel, sans nous faire prier, nous faisons largement honneur.

Après une bonne nuit de repos, le lendemain, à 6 heures, nous attendons les ordres du bossman.

CHAPITRE XXI

Bonne camaraderie. — Chez les
« Têtes-Plates »

Les hommes occupés à l'abatage des arbres ne sortent pas des forêts où ils travaillent. Ils s'y construisent de petites baraques en bois et une fois par semaine, se rendent au bar le plus proche pour s'approvisionner de vivres. Ils font eux-mêmes leur cuisine bien entendu.

Avant de passer la scie et la hache pour abattre l'arbre, on le saigne en lui faisant de gros trous avec une tarière : trous qui déversent en abondance de la résine.

L'arbre scié tombe parfois sur ceux qui l'environnent ; d'ordinaire, il casse à une certaine hauteur avec un bruit si formidable qu'on l'entend jusqu'à six ou sept lieues à la ronde.

Une fois l'arbre à terre et les branches abattues, on les traîne jusqu'à un chemin de bois ; on appelle ainsi d'énormes traverses, espacées d'un mètre et soigneusement croisées par de forts madriers (exac-

tement comme un chemin de fer) — traverses, dis-
je, creusées au milieu et formant comme une sorte
de berceau. Ce chemin étant établi le long de la
montagne, en pente, l'arbre y glisse avec une rapidité
vertigineuse jusqu'au bord de la rivière où il tombe
avec le son d'une décharge d'artillerie, le chemin
en question se terminant parfois brusquement au-
dessus du niveau de l'eau. Lorsqu'une quantité suffisante d'arbres se trouvent réunis au même endroit,
on en fait un « train de bois, » que des vapeurs re-
morquent jusqu'au « wharf ». Des chaînes mues par
la vapeur hissent les arbres jusqu'à la hauteur de la
scierie et on les transporte sur des wagonnets, en
forme de berceaux où ils sont solidement fixés au
moyen de fortes griffes de fer. Au moyen d'un sys-
tème d'engrenage, dont la vitesse est réglée à volonté,
ces berceaux roulants avancent sous de gigantesques scies. D'un seul coup, l'arbre le plus colossal
est divisé en huit ou dix énormes plateaux d'environ dix mètres de long qu'une grande scie circulaire débite à son tour en pièces de charpente ou de
menuiserie.

Ces sortes de scieries sont mobiles. Lorsque sur
un espace assez considérable, il ne reste plus d'arbres à abattre, l'établissement porte plus loin son
centre d'opération, sans toutefois quitter les rives de
la Sonde ; mais cette opération se fait rarement.

Le bruit que produisent toutes les machines de
ces scieries est tellement assourdissant qu'il est
absolument impossible aux ouvriers de communi-
quer entre eux autrement que par signes ; encore,
sont-ils obligés de se déplacer, car ils sont invisibles

les uns aux autres, l'arbre sur son chariot atteignant
une hauteur qui dépasse deux mètres.

La plupart des hommes qui conduisent les cha-
riots sont Anglais ou Américains. Les Chinois ne
sont employés que pour les manœuvres.

Quand le bossman eut constaté que nous compre-
nions difficilement la langue anglaise, il nous mit
chacun à une scie circulaire pour débiter des madriers dans de larges plateaux que de fortes chaînes
portent sur la table de la scie.

Quelques instants avant midi, l'heure du déjeuner, le Chilien vint nous prévenir que nous n'aurions
qu'à suivre les ouvriers pour nous rendre au réfectoire. C'est une vaste baraque où se trouve aménagé
une grande salle contenant deux longues rangées de
tables couvertes d'assiettes et de verres.

Avant d'entrer dans ce réfectoire, tous les hommes sont tenus de passer dans une pièce dont les
murs sont garnis de lavabos à robinets de cuivre et
de grandes serviettes sans fin suspendues à des rou-
leaux de bois.

Cet acte de propreté obligatoire accompli, chacun
se dirige à la place qu'il occupe habituellement à
table. L'une des deux tables, pouvant contenir environ deux cents couverts, est exclusivement réservée
aux blancs ; l'autre, de même dimension, est pour
les hommes de couleur.

Là, comme partout en la libre Amérique, cette
terre soi-disant exempte de préjugés, la ligne de dé-
marcation est nettement tranchée, et il serait tout à
fait désastreux pour un homme de couleur d'oser
s'asseoir à la table des blancs.

Sont compris sous la dénomination d'hommes de couleur : les Chinois, les Nègres, les Indiens, les Créoles. Les Indiens, dépourvus de toute intelligence, ne sont jamais employés à la scierie.

Tous ces hommes de couleur sont libres de par la Constitution, mais, au point de vue de la considération, ils sont, certes, classés bien au-dessous des chiens.

Il n'y a pas de police. La justice est rendue par les chefs et le directeur, et elle est parfois assez expéditive. Ainsi, lorsqu'un homme de couleur (et principalement les Chinois et les Indiens), sous l'influence de l'ivresse ou de la colère, s'oublie jusqu'à frapper un blanc, il est immédiatement saisi et pendu. Cette sévérité s'explique jusqu'à un certain point par le nombre peu élevé des blancs comparativement aux hommes de couleur ; cette infériorité numérique est largement compensée par le prestige de la force. Mais le jour où les hommes de couleur comprendront que c'est l'union qui fait la force, alors, adieu le prestige !...

Le repas se fait en un quart d'heure, et dans le plus religieux silence ; on n'entend que le cliquetis des fourchettes.

Le repas terminé, ceux qui veulent fumer se rendent dans une pièce voisine où, moyennant finances, on trouve du tabac et des cigares. La plupart regagnent leur pavillon pour y faire un bout de sieste, car il était accordé deux heures pour le déjeuner.

Deux Français et un Suisse, qui avaient remarqué mon entrée le matin et s'étaient informés de ma nationalité, m'accostèrent à la sortie du réfectoire et me conduisirent au fumoir, où ils m'offrirent un cigare. Rien ne saurait dépeindre la joie que me causa cette rencontre inopinée, joie bien partagée, du reste, par mes compatriotes, et ce fut pendant quelques instants, de part et d'autre, un véritable feu roulant de questions ne permettant pas de placer la plus petite réponse. Enfin, on put s'entendre et chacun raconta ses aventures.

Comme moi, les deux Français avaient quitté leur navire, qui venait de San-Francisco à Sibec prendre un chargement de bois; ils étaient là depuis huit jours. Le Suisse, un genèvois, les avait précédés de quelques jours, et on les avait logés tous trois dans le même pavillon.

Ils me mirent au courant du genre de vie que l'on menait et m'annoncèrent que, probablement, je logerais aussi avec eux, ce qui ne pourrait que mettre le comble à mes vœux.

Tout le personnel est logé dans de petits pavillons construits en bois, tous sur le même modèle; ils n'ont qu'un rez-de-chaussée avec deux fenêtres et la porte; le toit, couvert en lame de bois rouge, une espèce de cèdre, minces et taillées comme une ardoise. forme le plafond. Ils peuvent contenir cinq à six petits lits en fer. Près de chaque lit, un lavabo et une chaise.

Chaque pavillon est affecté à une nationalité.

La location, ainsi que la nourriture, sont retenus sur le salaire et se montent à 3 shillings par jour (3 fr. 75).

Les hommes de couleur habitent un autre quartier et ne sont pas si bien logés; ils couchent tous dans une vaste pièce.

Beaucoup de Chinois sont logés sur un vieux et grand bateau couvert amarré à quai, loin de la scierie.

La paye se fait tous les samedis à 4 heures, heure à laquelle finit le travail de la semaine. Chaque Européen est généralement payé à raison de 8 shillings par jour, ce qui équivaut à environ dix francs de notre monnaie.

On ne travaille jamais le dimanche, et, ce jour-là — c'est obligatoire — chaque nationalité arbore son pavillon à un mât cloué au pignon de la cabine. C'est le bar qui fournit, contre espèces sonnantes bien entendu, ces pavillons. C'est un spectacle qui ne manque pas de pittoresque, que de voir flotter au vent, se détachant bien sur le vert sombre des pentes boisées, tous ces drapeaux aux couleurs voyantes.

On ne donna aux Chiliens qu'un petit pavillon, car ils étaient seuls de leur nationalité.

Comme me l'avaient fait espérer mes compatriotes, on me logea dans leur pavillon. J'y trouvai un petit lit bien propre et surtout le bonheur sans mélange de la bonne camaraderie des trois Français.

Je dis trois Français avec intention, car, durant tout le temps que nous avons vécu ensemble, nous n'avons jamais considéré que comme un bon Français notre brave Suisse, si franc et loyal garçon, si gai, si rieur, la crème des hommes, le roi des boute-en-train.

Ah! nous n'engendrions pas la mélancolie, tous les quatre et quand, après le repas du soir, on entendait de bruyants éclats de rire, il y avait gros à parier qu'ils venaient du pavillon de France.

Cependant, au bout de quelque temps, comme la journée terminée, il faisait encore grand jour et que la localité manquait totalement de distractions, ne sachant que faire ni où aller, l'idée me vint de proposer à mes compagnons de construire une petite embarcation qui nous permettrait de faire le soir, et surtout le dimanche, des excursions dans la mystérieuse Sonde de Fuca, sans compter de bonnes parties de pêche et de chasse. Le poisson ne manquait pas; surtout le saumon, et la forêt était pleine de poules sauvages. Chaque soir, le travail terminé, et le dimanche de très bonne heure, nous nous mettions tous les quatre à l'ouvrage. Quoique peu familiarisés avec ce genre de travail, mes amis me secondaient de leur mieux en exécutant ce que je leur commandais ; nos efforts combinés furent enfin couronnés de succès, et, trois semaines après la mise en chantier, nous possédions un joli canot de famille et tous ses accessoires; gouvernail, avirons à cuiller, gaffe, mât de pavillon, etc.

Nous pouvions dès lors excursionner à notre aise et nous n'y manquions pas. Le dimanche surtout, après avoir hissé au mât de notre demeure un grand pavillon aux chères couleurs de France cravatées de crêpe en souvenir de nos pertes cruelles de l'année terrible, munis de nos agrès et abondamment pourvus de vivres, nous dévalions gaiement la pente qui menait au bord de l'eau et nous procédions à l'appareillage. Je m'installais gravement à la barre, car mes amis, satisfaits de mon travail, m'avaient nommé patron d'embarcation, et, sous l'impulsion des avirons manœuvrés vigoureusement à tour de rôle par

les trois camarades, notre coquette embarcation vo-
lait sur les eaux de la Sonde, laissant flotter à l'arrière le drapeau tricolore.

N'ayant que des revolvers, nous ne pouvions nous
adonner à la chasse sur l'eau, aussi nous nous étions
bien promis de faire des économies pour acheter
deux fusils et surtout un épervier, que je désirais vivement.

Un beau dimanche, nous partons à 4 heures du
matin ; le temps était magnifique, nous étions au
mois de juin, une légère brise nous rafraîchissait le
visage, et nous nous sentions plus heureux que les
plus fortunés de la terre.

Après cinq heures de navigation, nous faisons
choix, pour atterrir, d'un endroit où la pente est
douce et nous permettra de pénétrer facilement dans
la forêt. Nous amarrons soigneusement le canot à
une forte touffe de broussailles, et nous nous mettons en devoir de procéder au débarquement des victuailles, consistant en un poulet froid, une boîte de
homard, des sardines, de la salade tout assaisonnée
enveloppée dans une serviette mouillée, du genièvre
et deux litres de café que nous permettra de chauffer
un petit bois sec.

Pendant que je vérifie l'amarrage du canot, mes
gaillards étalent sur la terre une grande toile à voile
en guise de serviette et y disposent quatre assiettes,
des bouteilles de genièvre, du pain et les victuailles.

Satisfaits de leur installation, les joyeux drilles
commencent autour une danse endiablée accompa-
gnée de cris gutturaux : ils ont la prétention d'imiter
la danse indienne.

Oh ! les fous ! impossible de résister à l'hilarité
que provoque la vue des contorsions de ces trois
véritables singes, et certes, ces contrées n'ont jamais
vu pareil spectacle. Mais nos cinq heures de navigation et ces ébats chorégraphiques ont aiguisé les ap-
pétits ; nous faisons largement honneur à notre
festin.

Nous sommes si heureux de nous sentir quatre
bons camarades réunis si loin de la mère-patrie, que
la plaisanterie la plus innocente, la plus petite bou-
tade, a le don de nous faire rire jusqu'aux larmes.
Le Suisse surtout, avec sa large bouche aux lèvres
épaisses et sensuelles, rit de si bon cœur que sa gaieté
irrésistiblement nous gagne et c'est une suite inin-
terrompue de joyeuses exclamations jetées à tous les
échos des immenses forêts de la Sonde de Fuca.

Ce joyeux repas terminé, nous rembarquons et
nous nous remettons à explorer les rives de la
Sonde.

Au bout d'une heure environ, nous arrivons à un
embranchement de la rivière, et sur un petit pro-
montoire dominant le confluent, nous découvrons
trois mauvaises cabanes, devant lesquelles sont quelques Indiens « Têtes-Plates ».

Nous nous consultons et décidons d'atterrir, espérant ne point être accueillis hostilement : en tout
cas, nos revolvers, chargés sont dans nos poches,
bien à portée de la main. Notre arrivée n'émeut nullement les Indiens, hommes et femmes, qui continuent tranquillement à vaquer à leurs occupations.

Ils sont en train de faire cuire un énorme saumon, traversé dans le sens de sa longueur par une

baguette, soutenue à trente centimètres au-dessus du foyer par deux petites fourches de bois enfoncées en terre. De temps en temps, une Indienne tourne cette broche improvisée.

Nous arrivons en file indienne (c'est tout à fait de circonstance) et, comme je suis resté pour amarrer le canot, je suis à l'arrière-garde.

Notre attention est attirée par un ours énorme qui est enchaîné à une cabane et qui semble endormi. Tout à coup, comme j'arrive à sa hauteur, la monstrueuse bête fait un bond et se précipite sur moi. Heureusement que la chaîne est solide et qu'elle est un peu courte; néanmoins, un quartier de mon paletot y reste. Un frisson me parcourt le corps en constatant le danger auquel je venais d'échapper : un pas de plus, en effet, et je tombais entre les griffes meurtrières du terrible animal, qui m'eût infailliblement cassé les reins avant qu'on eût pu venir à mon secours.

En attendant, le féroce plantigrade tire sur sa chaîne en poussant de sourds grognements et en dodelinant au ras du sol, sa vilaine tête, dans laquelle j'ai bonne envie de décharger les six balles de l'un de mes revolvers de calibre 9.

Mes compagnons me font entendre que nous ne sommes pas chez nous, et qu'un tel acte pourrait amener des représailles de la part des Indiens, dont nous ignorons le nombre.

Tout de même, si j'étais riche, je me payerais la fantaisie de l'acheter, et, à son tour, maître *Martin* payerait cher son mauvais accueil d'ours mal léché.

Deux Indiens à la face repoussante, s'approchent

et nous expliquent par signes qu'il y a danger de
s'approcher de l'animal.

Nous l'avons déjà compris et, pour mon compte,
je suis fixé ; au besoin, le morceau qui manque à
mon paletot me le rappellerait.

On nous invite à nous asseoir sur un banc, près
d'une table dont les pieds sont enfoncés en terre, et
on nous offre du café. Comme il nous reste deux bouteilles de genièvre, nous les apportons sur la table,
ainsi que des verres. Les Indiens, tout en nous observant attentivement, trinquent avec nous.

Il est formellement interdit aux blancs, sous peine
de prison et d'une forte amende, de procurer aux
Peaux-Rouges de la poudre et des armes, surtout de
l'alcool. C'est une assez sage précaution ; dès qu'ils
sont ivres, ces hommes deviennent tout à fait furieux et sont possédés de la rage de tuer, rage qu'ils
assouvissent, avec une prédilection très marquée,
sur les blancs.

Ceux que nous avons devant les yeux, possèdent
deux pirogues, creusées chacune dans la masse d'un
énorme cèdre.

Deux femmes, s'il est permis de donner ce nom
aux deux horribles créatures qui sont devant nous,
continuent à s'occuper de la cuisson du poisson.
Elles sont absolument débraillées, laissant voir leurs
seins très allongés, ridés et flasques ; on sait que ces
espèces de guenons portent leur progéniture sur le dos,
enveloppée dans de mauvaises toiles, et qu'en marche,
elles allaitent leur enfant par-dessus l'épaule ; c'est
probablement à cette pratique qu'est dû l'allonge-
ment véritablement excessif des mamelles.

D'ailleurs, hommes et femmes, ils sont tous d'une laideur repoussante et d'une malpropreté qui défie toute description.

Quoique cela paraisse invraisemblable, quelques-unes de ces répugnantes Indiennes ont parfois des relations avec des matelots européens ou américains. Les enfants qui naissent de ces unions, les *métis*, sont déjà notablement moins laids ; à la deuxième génération (avec les blancs, car les métisses refusent tout rapport avec les Indiens), ils sont véritablement superbes, surtout les filles qui, pour la plupart, s'adonnent à la prostitution, à Olympia ou à Vancouver.

Elles possèdent une chevelure magnifique, d'un noir de jais, extraordinairement longue et épaisse, qu'elles tressent en lourdes nattes qui leur retombent dans le dos, atteignant les jarrets. Elles ont toujours le teint quelque peu basané.

Quelques-unes restent dans la région et font les délices des matelots ou des ouvriers, car leur passion pour les blancs est absolument remarquable.

Quoi qu'il en soit, nos Indiens sont trop répugnants à voir pour que nous éprouvions du plaisir à rester longtemps en leur compagnie ; aussi, nous rembarquons-nous, et, après avoir fait force de rames, nous sommes de retour à Sibec, trois bonnes heures avant la chute du jour.

CHAPITRE XXII

L'outrage au drapeau. — La revanche. — Une
fuite inévitable

A plusieurs reprises nous avions remarqué que,
lorsque munis de nos agrès, nous nous rendions à
notre embarcation, notre passage devant un pavillon
habité par quatre Allemands, attirait invariablement
ceux-ci sur le seuil de la porte. Ils nous toisaient
alors insolemment en ricanant.

Imbus de la haute supériorité de leur nation, ils
tenaient évidemment à nous prouver, ce que le
monde entier connait, qu'ils sont par-dessus tout,
polis, courtois, raffinés. Bien décidés à ne pas donner prise à la *querelle d'Allemand* que, visiblement,
l'on cherchait, nous affections de ne pas voir les
provocations des quatre butors, fort probablement
jaloux de notre bonne camaraderie. Nous nous étions
bien promis de ne pas nous départir de cette ligne
de conduite tant que certaines limites ne seraient
pas dépassées. Notre manière de voir était la bonne,
et notre indifférence méprisante, nous nous en ren-

tions bien compté, exaspérait plus nos quatre Teutons que tout ce que nous aurions pu leur dire.

Or, le soir de l'excursion que je viens de raconter,
au moment où nous débarquions, tous quatre, assis
sur la rive, juste en face de l'endroit où nous accostons (1), voici que nous croisons nos quatre Allemands.

Nous nous attendions bien à avoir une nouvelle
preuve de la délicatesse d'esprit des mangeurs de
choucroute. Mais le répertoire est peu varié, il n'est
même pas varié du tout, c'est toujours la même façon de dévisager les gens et de ricaner bêtement.
Ces gens-là sont tout simplement des brutes; ils
ont tout au plus l'intelligence de l'ours avec lequel
j'avais failli faire tantôt la triste connaissance.

Bien entendu, suivant notre louable habitude,
nous ne nous occupons pas plus d'eux que s'ils
n'existaient pas; puis, après avoir amarré le canot et
serré les agrès, nous remontons tranquillement la
pente qui conduit à notre demeure, en devisant
joyeusement. Sur le point d'arriver, nous constatons
avec stupéfaction que le pavillon de la France ne
flotte plus sur notre cabane. Le mât qui le portait
est cassé par le milieu et la drisse a été enlevée.
Nous croyons tout d'abord à un accident, mais le
doute n'est plus possible lorsque nous trouvons
dans la poussière nos chères couleurs lacérées, dé-
chiquetées, en loques. Un indicible cri de rage s'é-
chappe de nos poitrines; nous ramassons pieuse-
ment les débris de notre cher drapeau et nous nous

_____

(1) Ceci se passait en l'année 1874.

mettons en quête de découvrir le ou les auteurs de cette lâche provocation. Quelques Américains nous montrent silencieusement la cabane des Allemands. Nous aurions dû le deviner plus tôt, et nous avons maintenant l'explication des ricanements qui ont salué notre débarquement. Mais, cette fois, la mesure est comble, et si les Teutons ont été assez naïfs pour croire que cela va se passer tranquillement, ils sont dans l'erreur la plus grossière. Nous avons tout fait pour éviter une querelle, mais l'injure que l'on vient de nous faire est de celle que l'on ne tolère pas, à moins que l'on ait perdu toute espèce de sens moral ; or, aucun de nous n'en est encore là.

Trop douloureux pour nous sont les souvenirs qui nous rappellent la cruelle guerre de 1870, et n'est-ce pas assez d'avoir été menés à la défaite par l'impéritie ou la trahison, pour qu'aux confins du monde, nous subissions des outrages que nous n'avons pas mérités ? Non ! mille fois non ! Plutôt la mort que l'outrage ! Il ne faudrait plus avoir une goutte de sang français dans les veines pour subir pareille injure. Je prends des mains de mes compagnons les lambeaux de notre drapeau chéri, et je les dépose dans la cabane, ainsi que ma casquette marine et mon paletot déchiré, puis je ressors vivement.

Mes amis ne sont déjà plus là. Je devine sans peine qu'ils sont allés au pas de course retrouver les Allemands sur le bord de la rivière, et je me précipite de ce côté. Des cris rauques, poussés par les Allemands m'annoncent que la lutte est engagée. J'accélère mon allure, et bientôt je suis sur le théâtre du combat que j'embrasse d'un coup d'œil.

L'un des Français est à terre avec un Allemand qui cherche à l'étrangler ; mais mon compatriote est un solide gaillard, qui étreint si vigoureusement les reins de son adversaire, que celui-ci se livre à des contorsions qui démontrent clairement qu'il n'est pas « à la noce ». Ce que voyant, un autre Allemand cherche à le dégager et frappe à coups redoublés le visage du Français.

Allons, deux hommes sur un, c'est bien dans la note, et tout à fait conforme au genre de courage de nos braves Germains.

L'autre matelot a acculé un Allemand contre un arbre, et, lui tenant les bras, lui caresse énergiquement la mâchoire à grands coups de tête. L'Allemand, la bouche pleine de sang, pousse des cris épouvantables.

Un peu plus loin, le Suisse se roule par terre avec le quatrième Allemand.

Je me précipite sur celui des deux Allemands qui frappe le visage de mon compatriote et lui passant les bras autour des reins, je joins les doigts et les serre si vigoureusement qu'il lui est impossible de se débarrasser de mon étreinte, puis je cherche à l'entraîner du côté de la rivière, car j'ai l'intention de le désaltérer à peu de frais. Il devine mon projet et cherche à m'étrangler ; au même moment nous roulons tous les deux dans l'eau.

La pente est douce, et nous avons à peine un mètre d'eau. Je n'ai pas lâché mon adversaire, et j'ai la chance de l'avoir sous moi ; j'en profite pour le maintenir sous l'eau, tout en me cambrant fortement pour me dégager la tête et respirer un peu. A ce moment l'Allemand, pour échapper à la noyade, fait un effort terrible, et comme je suis à bout de vent, il m'échappe, et nous nous retrouvons debout, face à face, soufflant comme deux phoques et nous défiant du regard comme deux chiens hargneux.

Je pense bien que nous allons recommencer, lorsque, subitement, mon adversaire, qui a probablement bu plus que son content, sort de l'eau et détale comme un lièvre, suivi de ses compatriotes qui viennent de recevoir une magistrale raclée.

Chose remarquable, pendant tout le temps qu'a duré cette lutte acharnée, aucun de nous n'a poussé le moindre cri, la plus faible plainte; les Allemands, au contraire, n'ont cessé de pousser de véritables hurlements, probablement dans le but d'attirer du secours.

Arrivés à notre cabane, comme je suis tout haletant, mes camarades me font boire un peu de genièvre et me prodiguent les soins les plus empressés.

Le Suisse qui a la figure, la poitrine, et les bras couverts de traces sanguinolentes de coups d'ongles, a déjà retrouvé son inépuisable fonds de gaieté. Tout en me serrant affectueusement les mains, il rit aux éclats, en répétant sans cesse : « Ils ne recommenceront pas, les *Deutches* ! »

Un peu remis, nous procédons à un nettoyage dont nous avons sérieusement besoin, nous changeons de vêtements, et nous allons dîner au *Sailors' Home*.

Notre aventure est déjà connue, et les Américains qui sont là, nous distribuent de vigoureuses poignées de mains, en nous disant : « *Very well, Frenchmen* ! » (Très bien, Français!)

Le lendemain, comme le Suisse a la figure toute tuméfiée, nous n'allons pas travailler, nous restons là pour le soigner.

À l'heure du déjeuner, nos amis les Chiliens viennent nous rendre visite au *Sailors' Home*. Ils nous annoncent que les quatre Allemands sont allés trouver le bossman pour se faire régler et ont quitté l'établissement (1).

Ils se sont embarqués sur le bateau postal allant à Vancouver.

Trois jours après, comme nous avions repris notre travail, on nous signifie de le quitter et de passer au bureau pour être payés. C'est la règle de tous ces établissements, tout homme qui perd du temps est congédié.

Nous restons quelques jours au *Sailors' Home*, pour nous remettre tout à fait, et mes trois compagnons trouvent à s'embarquer sur un voilier chargé de bois à destination de San-Francisco.

Quant à moi, je reste à terre. Un charpentier canadien, qui construit un bateau-pilote, est venu à plusieurs reprises me solliciter de travailler sous sa direction. Cet homme, qui parle assez bien le français me supplie littéralement de rester avec lui. Il a tellement peur que je profite de son absence pour partir avec mes amis, qu'il ne quitte presque plus le *Sailors' Home*. Je finis, quoiqu'il m'en coûte de me

---

(1) Il est à remarquer que dans tous les grands établissements de ces pays, on retient toujours à l'ouvrier un salaire de trois jours pour différentes choses imprévues, qu'à son départ, on lui paie.

séparer de mes compagnons, pour me rendre à ses désirs.

Bien que n'en ayant nul besoin, ce brave homme nous achète notre embarcation et ses agrès pour la somme de 80 shillings (100 fr.), que nous partageons entre nous quatre. Puis mes compagnons m'embrassent chaleureusement et me promettent de m'écrire dès leur arrivée à San-Francisco.

Hélas ! la destinée est parfois cruelle ; je n'ai plus jamais eu de nouvelles de ces braves cœurs.

Le Canadien, qui avait vu mon travail lorsque j'avais construit le canot, m'avait en plus de cela, pris en grande estime à cause de ma qualité de Français ; il ne voulut pas que je restasse un jour de plus au *Sailors' Home* et me fit dès le premier jour prendre pension et coucher chez lui.

J'habitais un beau pavillon qu'il avait construit lui-même à l'ombre de grands sapins, et je prenais place à sa table, avec sa femme, née à Montréal de parents français. Quel brave et loyal cœur que cette femme, ainsi que sa fille, jolie blonde de dix-huit ans, toutes deux parlant également assez bien le français.

Les autres ouvriers qui travaillaient avec nous à bord, étaient Anglais et prenaient pension au *Sailors' Home*, et, chose singulière, jamais l'un d'eux n'avait mis les pieds dans la demeure de cet homme.

Lorsque j'eus connaissance de cette particularité, je fus très flatté de la dérogation à cet usage qui était faite en ma faveur ; très touché d'être traité en compatriote par cette digne et honnête famille de Canadiens, j'eus dès lors à cœur de tenter l'impossible pour me montrer digne de l'accueil qui m'était fait. Franchement je n'avais pas grand mérite à cela, car j'étais absolument traité comme si j'avais fait partie de leur petite famille.

La maîtresse de la maison, et surtout sa fille, étaient aux petits soins pour moi ; jamais mes effets et mon linge n'avaient été mieux entretenus. Le soir, après le repas, on me priait de faire à haute voix la lecture d'un gros volume consacré à l'histoire française du Canada, ouvrage où les noms célèbres de Jacques Cartier, de Champlain, de Montcalm étaient cités souvent. Rien n'était plus touchant que l'admiration témoignée par ces braves gens pour leur lecteur.

Je recueillai là des succès dont je ne me montrais pas peu fier ! Les Canadiens, en effet, prononcent assez mal le français, et ont beaucoup de peine à se corriger d'un certain accent monotone, traînant, nasillard, qui enlève beaucoup de charme à leur façon de parler notre langue.

Ils s'en rendent très bien compte, et c'est pour cela, qu'ils aiment tant entendre lire ou parler le français par des personnes dépourvues de ce défaut.

Les conférenciers en quête de lauriers seraient assurés de trouver au Canada un auditoire des plus sympathiques.

L'existence que je menais dans cette heureuse famille était trop belle et ne devait pas durer.

L'unique enfant de mes braves Canadiens, M⁼ Henriette était incontestablement la reine du logis. Choyée, adorée, gâtée, par ses bons parents, tout ce qu'elle disait ou faisait était invariablement approuvé. Je crus bientôt remarquer que je ne lui étais pas indifférent.

À table, elle se plaçait toujours à côté de moi, et le soir, lorsque je faisais la lecture, sous le prétexte de suivre sur le livre les lignes que je lisais, elle se penchait sur moi si près que plus d'une fois les boucles blondes de sa jolie chevelure m'effleurèrent le visage et que je sentis sa joue brûlante contre la mienne. Dans la journée, à tout instant elle montait l'échelle du bord et venait à mon établi, installé sur le pont, prenait mes outils et s'amusait à couper du bois ou à faire des copeaux, me demandant des renseignements sur la façon dont il fallait s'y prendre pour manier les outils, se livrant aux mille agaceries, aux mille petites manœuvres que la coquetterie féminine sait si bien mettre en jeu. Ces petits manèges n'échappaient pas à mes compagnons de travail, aussi je surprenais souvent sur leurs lèvres des sourires non équivoques de félicitations à mon adresse. Seuls les parents ne semblaient rien voir, ou du moins n'en laissaient rien paraître. Peut-être aussi caressaient-ils l'espoir de me retenir tout à fait chez eux, en me faisant asseoir à leur foyer à un titre plus intime. Certes, Mⁱˢˢ Henriette était charmante et pour tout autre que moi, c'eût été le bonheur.

Mais ma soif des voyages était loin d'être assouvie, et me marier, c'était dire adieu à ma rage de parcourir le monde.

Dès lors, je compris que ma situation était impossible et je résolus de m'y soustraire, car je me sen-

tais faiblir, et les beaux yeux de la fille de mes hôtes
avaient fait sur moi plus d'impression que je n'osais
me l'avouer à moi-même. Ne voulant à aucun prix
me marier, je ne voulus pas m'exposer à devenir un
malhonnête homme. Un moyen se présentait qui
offrait l'avantage d'éviter des explications embarras-
santes, c'était la fuite.

Il y avait dans le port un navire à voiles, la *Bella-
Vista*, sur le point de partir pour San-Francisco
avec un chargement de bois. Ayant su que le capitaine, un Suédois, avait besoin d'un matelot, je me
proposai à lui et fus agréé sur-le-champ.

Je devais être le lendemain à bord avant 8 heures,
heure à laquelle partait la *Bella-Vista*. Le lendemain matin, abandonnant tout ce que je possédais,
ainsi que l'argent que j'avais gagné et que mes hôtes
me mettaient soigneusement de côté pour mes be-
soins ultérieurs, je partais comme pour me rendre à
mon travail habituel, et je m'embarquai sur la *Bella-
Vista*. Sur la table de ma chambre, j'avais laissé ces
quelques mots :

« Biens chers amis,

« Veuillez être assez bons pour excuser mon appa-
« rente ingratitude. Pour des raisons majeures, absolu-
« ment indépendantes de ma volonté, je suis contraint
« de vous quitter. Je souhaite ardemment que vous
« soyez aussi heureux que vous le méritez et je vous
« embrasse bien fort, ainsi que votre charmante Hen-
« riette.

« Adieu,   « A. B. »

Lorsque la *Bella-Vista* quitta le wharf, songeant

à l'affliction que ma conduite allait causer chez ces braves Canadiens, je mentirais en disant que je n'avais pas le cœur un peu gros.

J'avais pour me consoler l'assurance du devoir accompli et la satisfaction de m'être conduit en honnête homme.

. Une fois de plus, l'amour des voyages avait vaincu chez moi l'amour de la famille.

FIN

Imp. du *Petit Troyen* G. Arbouin, 120, rue Thiers, Troyes

Collection à 20 Centimes. — Franco-poste 30 Centimes.

Série B. — Romans d'Aventures, Chasses et Voyages

Les volumes de cette série peuvent être mis dans toutes les mains.

ŒUVRES DE FENIMORE COOPER

ŒUVRES DE MAYNE-REID

Dans toute la France, les commandes de 5 francs et au-dessus sont expédiées FRANCO EN GARE, *contre mandat-poste adressé à* M. A.-L. GUYOT, *éditeur, 12, rue Paul-Lelong, Paris*

Collection à 20 Centimes. — Franco-poste 30 Centimes

Série B. — Romans d'aventures, Chasses et Voyages

Les volumes de cette série peuvent être mis dans toutes les mains.

THÉODORE CAHU

296 297	Une Fortune dans les nuages..........	2 vol.
298	Les Naufragés du ciel...............	1 vol.
299 300	L'Ile désolée.....................	2 vol.

Série C. — Romans Etrangers

351	A. Pouchekine. — La Fille du Capitaine (traduit du Russe)	1 vol.
352 353	Ch. Dickens. — Aventures de Monsieur Pickwick (traduit de l'anglais).....	2 vol.

Série F. — Aventures extraordinaires

501	V. Huet. — *Au pays arabe* : Le Disparu	1 vol.
502	— Les Cavernes des Hall-el-Oued...............	1 vol.
503 504	G. Guitton-Le Rouge. — La Conspiration des Milliardaires..	2 vol.
505 506	— A coups de milliards	2 vol.
507 508	— Le Régiment des hypnotiseurs...........	2 vol.
509 510	— La Revanche du Vieux-Monde.........	2 vol.
511 512	Capitaine Marryat. — Le Vaisseau Fantôme...........	2 vol.
513 514	— Le Spectre de l'Océan	2 vol.
515 516	W. de Fonvielle. — Aventures d'un chercheur d'or au Klondike.	2 vol.
517	Edgar Poe. — Aventures extraordinaires d'Arthur Gordon Pym.	1 vol.
518 519	— Contes extraordinaires....	2 vol.

Dans toute la France, les commandes de 5 francs et au-dessus sont expédiées FRANCO EN GARE, *contre mandat-poste adressé à* M. A.-L. GUYOT, *éditeur, 12, rue Paul-Lelong, Paris.*

LA SOCIÉTÉ GÉNÉRALE

Des Assurances Agricoles et Industrielles

Société anonyme d'assurances contre les accidents

Etablie à Paris, rue Grétry, 5

Capital social : 6 millions

La Compagnie a été autorisée à verser le cautionnement réglementaire pour réaliser les assurances contre les accidents du travail.

Assurances des Accidents du travail

(Loi du 9 avril 1898)

La Compagnie a versé à la Caisse des Dépôts et Consignations le cautionnement exigé par la loi et a été autorisée à rechercher les Assurances des accidents du travail.

Les Polices qu'elle émet sont, quant aux garanties, conformes à la loi et à celles de toutes les Compagnies similaires, mais elles contiennent des conditions beaucoup plus libérales et les primes sont plus raisonnées et plus équitables.

La Compagnie s'est, en outre, fait une spécialité de l'assurance des Syndicats industriels et des Syndicats agricoles. Elle a créé dans ce but des contrats spéciaux dits : « *Polices syndicales avec participation dans les bénéfices* ».

Ces contrats présentent les avantages de la mutualité et offrent toutes les garanties des Compagnies à capital.

Assurances spéciales aux Syndicats agricoles

La Compagnie assure par traité, les membres des Syndicats agricoles les plus importants.

Elle consent aux syndiqués des conditions très libérales.

Opérations générales de la Compagnie

La Compagnie assure :

Toutes les personnes contre les accidents qui peuvent les atteindre, dans n'importe quelle circonstance de l'existence, aussi bien que contre les accidents qu'elles peuvent causer à autrui.

La Responsabilité civile de tous ceux qui occupent des ouvriers dans le Commerce, l'Industrie et l'Agriculture.

La Responsabilité civile des Notaires, des Avoués, des Médecins, des Pharmaciens, des Vétérinaires et des Huissiers.

La Responsabilité civile des Chefs d'Institutions et des Professeurs.

La Responsabilité civile des Propriétaires de chevaux et voitures, d'automobiles et de vélocipèdes.

La Responsabilité civile des Propriétaires ou des principaux Locataires d'immeubles, hôtels, théâtres, concerts, etc.

La Responsabilité civile vis-à-vis des tiers, sous toutes ses formes et dans n'importe quelle circonstance de la vie.

La Compagnie organise des Agences dans toutes les localités et crée dans chacune d'elles un service médical et pharmaceutique.

Elle offre à tous les industriels qui désirent se faire garantir contre les conséquences de la loi du 9 avril 1898, les avantages suivants :

Primes très réduites;

Conditions libérales;

Sécurité absolue.

S'adresser, pour les renseignements, au Siège social, 5, rue Grétry, à PARIS

Tous les âges, tous les sexes lisent avec bonheur la

COLLECTION A.-L. GUYOT